DON

JOSÉ JOAQUIN FERNÁNDEZ DE LIZARDI

(EL PENSADOR MEXICANO)

————

APUNTES BIOGRÁFICOS Y BIBLIOGRÁFICOS

POR

LUIS GONZÁLEZ OBREGON

Miembro de la "Sociedad de Geografía y Estadística"
y socio fundador del "Liceo Mexicano."

MÉXICO

OFICINA TIP. DE LA SECRETARÍA DE FOMENTO

Calle de San Andrés número 15.

—

1888

PRIMERA PARTE.

—

APUNTES BIOGRÁFICOS.

INTRODUCCION.

APÓSTOL de nuevas ideas en una sociedad en que predominaban el fanatismo y la ignorancia; censor constante de costumbres profundamente arraigadas durante una existencia secular; partidario acérrimo de la Independencia de su patria; propagador incansable de la instruccion popular, por medio de escritos y de proyectos; iniciador de la Reforma en una época en que el clero gozaba de todas sus riquezas, de todos sus fueros y de todo su poder, y autor de libros que abrieron una nueva senda para formar una literatura nacional: este fué D. José Joaquin Fernández de Lizardi, más popularmente conocido por el seudónimo de *El Pensador Mexicano.*

Apóstol de nuevas ideas, censuraba los errores y abusos del gobierno colonial, sin arredrarse por las persecuciones, ni por las cárceles, ni por el desden de una sociedad conservadora tan sólo de preocupaciones, y ridículamente aristócrata, pues carecia para esto de verdaderos y legítimos títulos.

Censor de costumbres, descubria los vicios de una educacion atrasada, para evitarlos.

Partidario de la Independencia, la sostenia como escritor, alguna vez como soldado, y en plena guerra de insurreccion abogaba por los defensores de ella, valiéndose de medios que, aunque encubiertos, eran bien perceptibles.

Propagador incansable de la instruccion, sacrificaba la forma en sus escritos, precisamente para difundir aquella entre el pueblo, á quien amaba como verdadero demócrata, y proponia reformas de educacion tan adelantadas, como la instruccion gratuita y obligatoria, sistema que fué el primero en iniciar en nuestro país.

Iniciador de la Reforma, proclamaba la injusticia de la esclavitud, la ridiculez de la nobleza, la libertad de imprenta, la tolerancia de cultos, la conveniencia de corregir los abusos del clero y de arreglar sus bienes, y la República democrática y federal.

Autor de obras esencialmente nacionales, rompia con el yugo de las serviles imitaciones; proclamaba la independencia literaria; olvidaba las reglas de una estrecha retórica, y escalaba las cumbres del genio para escribir su *Periquillo;* porque esta obra inmortal, á pesar de todos sus defectos literarios, y aunque les pese á los puristas intransigentes, es un libro de mérito indisputable, el primer libro verdaderamente mexicano.

Como hombre, Fernández de Lizardi tenia un corazon bellísimo, y un carácter inalterable y excepcional. Modelo como esposo y como padre, quiso tambien impartir su cariño á los desgraciados; recogió huérfanos, y en medio de sus miserias, y en medio de la lucha constante que sostuvo para vivir, no teniendo más fortuna que su pluma y su talento, protegió á sus amigos necesitados. Su carácter se adivina al leer las contestaciones que daba á sus innumerables enemigos, en la multitud de reñidas polémicas que con ellos sostuvo, no exaltándose casi nunca, cuando era insultado por escritores que, bajos para adular á los poderosos, eran de limitada inteligencia para poder admirarlo. Se adivina su carácter al verlo sufrir sereno y con valor las cárceles y las persecuciones, y al mirarlo sonreir con desden, ante la ignorancia de un clero fanático, que lo excomulga y lo insulta, pero al cual le contesta *El Pensador* con estas elocuentes palabras: "Si hay púlpitos en que me ofendan, no faltan prensas con que defenderme."

Fué Fernández de Lizardi alto, delgado, de color moreno, de ojos negros, de rostro pálido pero simpático; encorvado de cuerpo, y de constitucion enfermiza, adquirida sin duda por las luchas que deben haber agitado su gran espíritu, á causa de las mil vicisitudes de su existencia, y por su constante trabajo de escritor fecundo é incansable.

Este fué, en resúmen, el patriota, el reformador, el literato y el hombre que admira por sus ideas liberales y avanzadas; que sorprende como creador de obras esencialmente nacionales; que cautiva por su noble corazon y por la bondad de su carácter, y á quien no le faltó para ser completo, ni el haber comido el pan de la miseria, porque "el genio, como dijo Byron, es una predestinacion para el infortunio, y la fama y la gloria se compran con el sacrificio de la felicidad."

I

NÚTILES han sido nuestros esfuerzos y nuestras in-
vestigaciones, para averiguar de una manera cierta y positiva el dia, el mes y el año en que vió
la luz primera el Sr. D. José Joaquin Fernández de
Lizardi, pues á pesar de haber buscado con empeño y
diligencia su partida de bautismo, no hemos logrado
encontrarla.

Nos conformarémos, por consiguiente, con decir que
nació en la ciudad de México, el año 1774,[1] y que fué
bautizado en la Parroquia de *Santa Cruz*,[2] y no en la

1 Asegura el primer biógrafo del *Pensador*, que éste murió á los
53 años de edad. Ahora bien, su fallecimiento tuvo lugar el año de
1827; luego su nacimiento se verificó en 1774, y en esto nos funda-
mos para adoptar esta fecha, apartándonos de sus otros biógrafos, que
vagamente la fijan por los años de 1771 á 1778.

2 Refutando Fernández de Lizardi á un escritor que lo hacia ori-

de *San Miguel*, como han asegurado todos sus biógrafos.

La familia de Fernández de Lizardi no formaba parte de la clase rica y acomodada; por el contrario, era bien modesta su posicion social, pues pertenecia á la clase média, que siempre se ha distinguido por sus virtudes privadas y por su ilustracion.

Su padre fué doctor en Medicina; pero el ejercicio de su profesion no debe haberle producido lo necesario para subsistir en México, pues se vió en el caso de trasladarse y de radicarse con su familia en el pueblo de Tepotzotlan, para desempeñar en este punto el cargo que se le confirió, y que fué el de médico del colegio que allí habia en esa época.

La escasa retribucion que le daban por ese empleo, así como los pocos honorarios que le producia el ejercicio de su profesion en el citado pueblo, apénas le dejaban lo muy preciso para llevar una existencia modesta, y más que modesta, mediana.

Esta escasez de recursos, unida á la falta que habia en Tepotzotlan de buenos establecimientos de instruccion, no permitieron al padre de Fernández de Lizardi proporcionarle la educacion que él hubiera de-

---

ginario de Tepotzotlan, dice: "Yo estaba entendido, y cuantos me co-"nocen, que era natural de esta ciudad (de México), que estaba bau-"tizado en la parroquia de *Santa Cruz*, y que en aquel pueblo apénas "habia estado de muchacho, por razon del destino de mi buen padre, "que esté en el cielo; pero vd. nos ha sacado de este error, á pesar "de mi fe de bautismo, y mañana me hace creer que soy hijo del ver-"dugo de Málaga, teniendo entendido que soy hijo de una cuna razo-"nable."—(SUPLEMENTO AL PENSADOR, del lúnes 17 de Enero de 1814, tomo III, página 2.)

seado, en atencion á las facultades é inteligencia manifestadas por su hijo, quien "desde muy temprano comenzó á despuntar, dando indicios ciertos de que cultivado (su talento), produciria á su tiempo abundantes y sazonados frutos."

Así pues, Fernández de Lizardi estudió las primeras letras en dicho pueblo, en donde entró á la escuela á los seis años de edad, y al punto que supo leer y escribir, vino á México á casa de un profesor de latin, llamado D. Manuel Enríquez, persona bien conocida por su ejemplar conducta y su disposicion para enseñar dicho idioma, "pues en su tiempo nadie le disputó la primacía," al decir de su discípulo Fernández de Lizardi; pero segun confiesa éste, les "enseñaba mucha gramática latina y poca latinidad," de lo que se infiere, que los conocimientos que en esa materia adquirió el jóven José Joaquin, fueron más bien fruto de su talento natural, que debidos á lo que le enseñó su maestro, quien tuvo además otro motivo para no hacerlo, pues impartia sus lecciones á otros jóvenes, que por la circunstancia de hallarse sus padres en la Capital, le merecian más atencion que nuestro biografiado, cuya familia residia en Tepotzotlan.

Cuando concluyó el estudio de la gramática latina, ingresó de alumno al máximo y más antiguo colegio de San Ildefonso de México, para cursar Filosofía, siendo su profesor el Dr. D. Manuel Sánchez y Gómez.

Qué clase de filosofía se estudiaba en aquella época, nos lo dice el mismo Fernández de Lizardi, en boca de *Periquillo*. Oigámosle:

"Aun no se acostumbraba en aquel ilustre colegio

(el de San Ildefonso), seminario de doctos y ornamento en ciencias de su metrópoli, aun no se acostumbraba, digo, enseñar la filosofía moderna en todas sus partes; todavía resonaban en sus aulas los *ergos* de Aristóteles. Aun se oia discutir sobre el *ente de razon, las cualidades ocultas* y *la materia prima*, y esta misma se definia con la explicacion de la nada, *nec est quid, &c.* Aun la física no se mentaba en aquellos recintos, y los grandes nombres de *Cartesio, Newton, Muschembreck* y otros, eran poco conocidos en aquellas paredes que han depositado tantos ingenios célebres y únicos, como el de un Portillo. En fin, aun no se abandonaba enteramente el sistema peripatético, que por tantos siglos enseñoreó los entendimientos más sublimes de la Europa, cuando mi sabio maestro se atrevió el primero á manifestarnos el camino de la verdad, sin querer parecer singular, pues escogió lo mejor de la lógica de Aristóteles, y lo que le pareció más probable de los autores modernos en los rudimentos de física que nos enseñó; y de este modo fuimos unos verdaderos eclécticos, sin adherir caprichosamente á ninguna opinion, ni deferir en sistema alguno, sólo por inclinacion al autor."

Teniendo diez y seis años Fernández de Lizardi, recibió el grado de Bachiller en la Universidad de México, y á los diez y siete cursó Teología.

Desde el año de 1788 hasta principios del siglo XIX, se encuentra un vacío en su vida. Se ignora hasta el lugar de su residencia en este tiempo, "aunque frecuentemente y en distintas épocas le vieron algunos amigos y conocidos suyos en Tepotzotlan."

Lo único que sabemos sobre esta parte de la vida de

Fernández de Lizardi, es lo siguiente, que nos refiere el primero que escribió su biografía:[1]

"No pudiendo continuar carrera alguna, dice este escritor, por fallecimiento de su padre y falta de auxilios, tuvo que dedicarse solamente á ganar algun salario escribiendo á la mano; se dedicó á lo curial, y logró que el gobierno español le nombrara juez interino ó encargado de justicia de Tasco; igualmente lo fué de una de las cabeceras de partido de la costa del Sur, jurisdiccion de Acapulco, de donde se volvió á esta ciudad (México)."

1 MUERTE DEL PENSADOR Y NOTICIA HISTÓRICA DE SU VIDA, POR A. F. A.—México: 1827.—Imprenta en la ex-Inquisicion, á cargo de Manuel Ximeno.

II

PRINCIPIOS del presente siglo comenzóse á publicar, debido á los esfuerzos de D. Jacobo Vi-
llaurrutia, un periódico, que fué uno de los primeros que, en su clase, vieron la luz en la entónces
Nueva España.

Nos referimos al *Diario de México,* que constaba de
cuatro páginas en 4º comun, y en el cual se insertaban
las poesías y producciones literarias de los ingenios de
esa época, como las de Barquera, Navarrete, Ochoa y
Acuña, etc.; y aunque no se puede afirmar de un modo cierto, sí es muy probable que en él haya publicado
algo Fernández de Lizardi.

Además de este pequeño periódico diario, y de la
Gaceta, aparecian dia con dia multitud de hojas vo-
lantes, que contenian las noticias de más sensacion,
principalmente las referentes á los acontecimientos de
la Península, y se publicaban á la vez infinidad de fo-

lletos, que se ocupaban con más ó ménos extension de los mismos asuntos.

Pero dos sucesos fueron los que proporcionaron en esos tiempos, como dice un escritor, asunto inagotable para publicar innumerables escritos y versos, siendo estos dos acontecimientos la coronacion de Fernando VII y la invasion de los franceses en España.

Los poetas y escritores de entónces agotaron el vocabulario de elogios, para llenar de lisonjas en todos los estilos y en todos los tonos al rey Fernando. Se le cantó en diversidad de metros, desde los más humildes hasta los más elevados; y casi todas las composiciones hechas en su elogio, no pasaron de insípidos mamarrachos, dignos de los autores bajos y aduladores, que perdieron indudablemente su tiempo en escribirlos.

Los insultos á Bonaparte fueron tambien fuente de inspiracion para aquellos escritores que, no contentos con adular hasta el fastidio al más imbécil de los monarcas españoles, creyeron que para dejarlo contento y satisfecho, era indispensable insultar á su enemigo, á quien colmaron de groserías, ensuciando materialmente el papel con sus inmundas frases y sus epítetos chocarreros.

En medio de esta degradacion literaria deben haber aparecido los primeros folletos de Fernández de Lizardi; pero aunque no hemos logrado examinar uno solo, estamos seguros de que ellos han de haber sido escritos en un estilo muy diferente del que se empleaba por la mayoría. En ellos, podriamos casi asegurarlo, Fernández de Lizardi debe haber censurado los abusos, y jamas debe haber adulado á Fernando VII de la manera rastrera con que lo hacia la mayor parte, ni insultado á Napoleon del modo soez ó indigno con que se acostumbraba hacerlo.

Fernández de Lizardi tendria todos los defectos literarios, seria descuidado para escribir, pero á nadie alabó indebidamente; y si alguna vez criticó con vehemencia, nunca descendió á un terreno que lo deshonrara.

Sin embargo, no se puede asegurar, como ha dicho uno de sus biógrafos, que Fernández de Lizardi fuera autor de algunos folletos por ese tiempo, á pesar de que es de conjeturarse que los haya publicado; pero siempre, lo repetimos, sin usar el tono inconveniente, empleado por el comun de los escritores.

Lo que sí se puede afirmar, es que por el año de 1810 publicó sus primeras *Letrillas satíricas*, que algun tiempo despues reprodujo en el primer tomo de sus *Ratos entretenidos.*

Proclamada nuestra Independencia en ese año, el clero con sus anatemas y los escritores serviles con sus producciones, comenzaron á insultar á los caudillos de tan noble y justa causa.

"Siguió entónces la prensa de México (habla un biógrafo) publicando periódicos ó infinidad de papeles sueltos contra los insurgentes, llamándose así á los primeros caudillos de nuestra Independencia y á cuantos siguieron sus banderas. Como la imprenta no estaba libre, y entónces se vigilaba más que nunca la conducta de los americanos, que diariamente presenciaban horrorizados ejecuciones sangrientas, ya se deja entender qué clase de escritores serian los que se presentaban en la palestra, y cuáles sus dignas producciones. *Mariquita y Juan Soldado.....* *La Chichihua y el Sargento*, y otros títulos por este estilo, anunciaban mil insulsos diálogos en prosa y verso, en que se defendia la justicia del Gobierno español en la persecucion de los excomulgados insurgentes.

"Ignoramos si en esta época dió al público nuestro autor (Fernández de Lizardi) algun escrito; pero si lo hizo, no fué ciertamente á favor de la dominacion española, porque si en alguna cosa tuvo siempre constancia, fué sin duda en promover, de cuantos modos estuvieron á su alcance, la libertad de su patria."

Y tan es esto verdad, que desde ántes, y poco despues de estar publicando sus primeras producciones, segun nos ha referido el Sr. D. Ignacio M. Altamirano, Fernández de Lizardi tenia la costumbre de visitar la casa de Doña Josefa Ortiz de Domínguez, que por esa época vivia con su esposo en México, y en muchas de sus conversaciones con aquella dama distinguida, le hablaba sobre la Independencia del país. Si este hecho, basado en la tradicion, fuera cierto, como es muy probable que sea,[1] las ideas comunicadas por el *Pensador* á la Sra. Ortiz, sin duda hicieron germinar en ella el proyecto de libertar á su patria, proyecto que puso en accion cuando estableció las juntas revolucionarias en Querétaro.

Es muy verosímil lo que se nos ha referido; pero si algun dia se confirmara plenamente, ¡qué mayor timbre de gloria para Fernández de Lizardi, que haber hecho surgir del cerebro de Doña Josefa Ortiz la gran revolucion proclamada en Dolores por el *Padre de la Patria*, D. Miguel Hidalgo y Costilla!

---

1 Esta tradicion se la comunicó al Sr. Altamirano el Sr. Lic. D. José Emilio Durán, nieto de Doña Josefa Ortiz de Domínguez.

III

HEMOS llegado á un punto de la biografía de D. José Joaquin Fernández de·Lizardi, en el que no se hallan de acuerdo los que sobre él han escrito.

Don José María Luis Mora, autor de la obra intitulada *Méjico y sus Revoluciones*, hablando de nuestro biografiado, dice que mandaba una partida de insurgentes en las inmediaciones de Iguala, la cual fué desbaratada por el sargento mayor de las fuerzas realistas, D. Nicolás Cosío, en dos encuentros que tuvo con Fernández de Lizardi.

El autor de los *Ligeros apuntes para la biografía del Pensador Mexicano*, que preceden á la edicion del *Periquillo* publicada en 1842, niega lo asentado por el Dr. Mora, y asegura que "á ser cierto, y habiendo caido (Fernández de Lizardi) en manos del gobierno español, ó lo hubiera mandado pasar por las armas, ó despues de una larga prision lo habria confinado á Manila ó á las Islas Marianas, ó cuando ménos lo hubiera indultado......"

Podrian ser justas las apreciaciones del autor cuyas frases acabamos de copiar, si no existieran indicios para creer lo contrario, como son el dicho del mismo Fernández de Lizardi, que en su folleto *Un fraile sale á bailar*, hablando de las persecuciones de que fué víctima, dice: *cuando entré en el ejército*, etc., palabras que demuestran que sirvió como soldado alguna vez. Y en otro de sus folletos, haciendo mencion de los servicios prestados á su patria, manifiesta que éstos los hizo *con el espíritu y con el cuerpo*.

En estas razones se apoya el Sr. D. Manuel Olaguíbel para creer que Fernández de Lizardi mandaba una partida de insurgentes, como lo refiere el Dr. Mora, quien sin duda debe haberse fundado, para escribir esta parte de su obra, en algo más que conjeturas, como son las que trae en pro de su opinion el autor anónimo de los *Ligeros apuntes para la biografía del Pensador Mexicano*.

Pero todavía hay un hecho para comprobar lo dicho por el Dr. Mora; hecho que habia pasado inadvertido por todos, y es que, cuando consumada la Independencia, al concederse premios á los que habian militado en las filas de los patriotas, se dió el grado de capitan retirado á Fernández de Lizardi, *miéntras se encontraba cosa mejor con que premiar sus servicios á la patria*. ¿Cómo, pues, se le habia de conferir un destino militar, si él no hubiera luchado en los campos de batalla? Se podria objetar que *por favoritismo* pudo haberle concedido ese grado el Gobierno, como se atrevió á decir un envidioso y gratuito enemigo de Fernández de Lizardi; pero entónces hubiera sido más lógico y más acertado darle un empleo civil, y no en el ejército, y además, no se hubiera advertido que le hacian capitan, *miéntras se encontraba cosa mejor con que premiar sus servicios.* Creemos, pues, que el dato que acabamos de aducir es digno de tenerse en cuenta.

Un hecho que sí está fuera de duda, y que el mismo autor anónimo da por verdadero, es que á la entrada del inmortal Morelos en el Real de Tasco, Fernández de Lizardi era Teniente de justicia, y que entregó á aquel ilustre caudillo "todas las armas, pólvora y municiones que pudo reunir, y que por esto poco despues fué conducido en calidad de preso á México, por el jefe realista Cosío; mas habiendo (Fernández de Lizardi) persuadido al Gobierno que lo habia hecho forzado y á más no poder, fué puesto inmediatamente en libertad."

Don José Joaquin Fernández de Lizardi prestó, pues, sus servicios á la Independencia de la Patria, no sólo con su pluma, sino con las armas, aunque en menor escala en este último sentido, pues con sus escritos fué infatigable para hacer la guerra al Gobierno español, no despreciando nunca las oportunidades que se le presentaban para censurar los actos malos y vituperables de éste, ni tampoco las ocasiones propicias que se le ofrecian para defender la causa de la Independencia, de la cual fué partidario ardentísimo.

IV

ECRETADA en Cádiz la Constitucion por las Cortes
españolas, fué promulgada solemnemente en México, el dia 30 de Setiembre del año de 1812.

Uno de los derechos más preciosos que contenia este
Código, era sin duda alguna el ejercicio de la libertad
de imprenta, libertad de la que no se habia gozado
hasta entónces en Nueva España.

Ántes de la promulgacion de la Constitucion del año
doce, todo escrito que se daba á la luz pública pasaba
bajo la inspeccion civil y eclesiástica; estaba prohibido
imprimir cualquier libro que tratase de las cosas de
Indias, sin previo consentimiento del Consejo respectivo, y el mismo Alaman refiere "que Clavijero no pudo obtener permiso para imprimir en España, en cas-
tellano, su Historia de México, y tuvo que publicarla
en Italia, en el idioma de esta nacion;" por último, sin

licencia de la autoridad competente, no se podian enviar á la América libros impresos en la Península ó en otro país de Europa, que se ocupasen de asuntos del Nuevo Continente.[1]

Si se tienen en cuenta todos estos requisitos, todas estas restricciones, en una palabra, todas estas trabas que habia que vencer para publicar algun libro, periódico ó cualquier escrito, podrá considerarse la reaccion que se efectuaria al gozar de una libertad casi completa.

Aprovechándose de este sagrado derecho de la libertad de imprenta, comenzaron á escribir muchos literatos, y entre ellos, D. José Joaquin Fernández de Lizardi dió principio á la publicacion de uno de los más interesantes periódicos que redactó durante su vida, periódico en el que expresó ideas de las más avanzadas de nuestra época, como verémos más adelante, y periódico, en fin, que llevaba el nombre con que despues su autor fué conocido: *El Pensador Mexicano.*[2]

En los dos primeros números de este periódico demostró lo necesario y conveniente de la libertad de imprenta, y habló con entusiasmo de este derecho que concedia la Constitucion.

Desde el núm. 3 hasta el 7, con el título de *Pensamiento II, sobre la exaltacion de la nacion española, y*

---

1 HISTORIA DE MÉXICO POR D. LÚCAS ALAMAN, tomo III.

2 D. Lúcas Alaman, al anunciar la aparicion del *Pensador*, con su acostumbrado desden por los hombres de mérito de la Independencia, califica á Fernández de Lizardi de "hombre obscuro y no conocido hasta entónces." El *aristócrata* D. Lúcas no era sino hijo de un minero, que debia su posicion social á sus bienes de fortuna: es decir, pertenecia á la aristocracia *aparente.*

abatimiento del antiguo despotismo, publicó un intere-sante trabajo, en que probaba las injusticias del go-bierno vireinal, los abusos, las tropelías y las infamias cometidas por los alcaldes y subdelegados; llegando á tal grado su valor para emitir sus ideas, que en el núm. 5 demostró: QUE Á PESAR DE LOS SOBERANOS, NO HAY NACION DE LAS CIVILIZADAS QUE HAYA TENIDO MÁS MAL GOBIERNO QUE LA NUESTRA (Y PEOR EN LA AMÉ-RICA), NI VASALLOS QUE HAYAN SUFRIDO MÁS RIGO-ROSAMENTE LAS CADENAS DE LA ARBITRARIEDAD.[1]

En este mismo escrito, aunque no de un modo des-cubierto, pues se lo impedian las circunstancias en que escribia, llegó á devolver á los enemigos de la Inde-pendencia, al gobierno español y al clero, con mucho disimulo, los cargos que le hacian al Padre de la Pa-tria. "Sí, monstruos malditos,—decia—vosotros los déspotas y el mal gobierno antiguo habeis inventado la insurreccion presente, que no el *Cura Hidalgo,* como se ha dicho: vosotros, unos y otros, otros y unos, HABEIS TALADO NUESTROS CAMPOS, QUEMADO NUESTROS PUE-BLOS, SACRIFICADO Á NUESTROS HIJOS, Y CULTIVADO LA ZIZAÑA EN ESTE CONTINENTE."[2]

Se necesita valor, y mucho, para haberse expresado en los anteriores términos el año de 1812, y sólo un hombre del temple del *Pensador* pudo haber escrito con tanta energía, hasta decir que iba á demostrar QUE EL GOBIERNO DE ESPAÑA EN LA AMÉRICA HA SIDO EL MÁS PERNICIOSO.[3]

---

1 EL PENSADOR MEXICANO. Año de 1812, tomo I, núm. 5, pág. 33.
2 Id., id., id., núm. 5, pág. 38.
3 Id., jd., id., núm. 6, pág. 42.

Pero el inestimable derecho de comunicar libremente el pensamiento, por medio del descubrimiento maravilloso de Guttemberg, no duró largo tiempo entónces en nuestro país.

El dia 3 de Diciembre de 1812, con motivo de ser el cumpleaños de D. Francisco Javier Venegas, Fernández de Lizardi lo felicitó, en el número de *El Pensador Mexicano* que salió en ese dia; mas uniendo á su felicitacion una terrible censura, se expresaba en estos términos, refiriéndose al mismo virey Venegas:

"Pero ¡oh fuerza de la verdad! hoy se verá V. E. en mi pluma, un miserable mortal, un hombre como todos, y un átomo despreciable á la faz del Todopoderoso. Hoy se verá V. E. un hombre, que (por serlo) está sujeto al engaño, á la preocupacion y á las pasiones......"[1]

Algunos meses ántes, el 25 de Junio (1812), el virey Venegas habia expedido un bando, en el que condenaba *á la última pena* "á los jefes ó cabecillas, á los oficiales de subteniente arriba, á todos los "eclesiásticos del estado secular y regular que tomasen participio en la revolucion" (de Independencia) *y á los autores de gacetas ó impresos incendiarios;* y á la de ser diezmados á los que, sin ser cabecillas, hiciesen armas contra las tropas reales; y los que por la suerte quedasen libres de la muerte, y todos los que no debiesen sufrirla segun las disposiciones del bando, debian ser enviados al virey, si las circunstancias lo permitian; pero si habia para ello algun embarazo, *quedaba á discrecion de cada comandante hacer de ellos lo que le pareciese, sin su-*

---

1 EL PENSADOR MEXICANO. Año de 1812, tomo I, núm. 9, pág. 68.

jecion á reglas que no podian prescribir para todos los casos.'' [1]

Esta medida sangrienta y tiránica fué objeto de la atencion de Fernández de Lizardi, quien en el número citado de su periódico, correspondiente al 3 de Diciembre del mismo año, pidió con calor al virey Venegas derogase tan bárbara disposicion.

El resultado de esta peticion tan justa, fué que el virey, viendo el grado á que habia llegado la prensa en sus manifestaciones, suprimiera, dos dias despues de la publicacion del artículo del *Pensador*, y por bando de 5 de Diciembre, la libertad de imprenta, y mandara encarcelar á Fernández de Lizardi. Pero los pormenores de este último acontecimiento los refiere minuciosamente el mismo *Pensador*, en la parte final de su segunda *Carta al papista*, y en el principio de la tercera, por cuyo motivo nos vamos á permitir copiar aquí su narracion, que reune á la verdad, el estilo pintoresco con que está escrita.

"¿Y cuáles fueron las consecuencias de este servicio?—dice, refiriéndose á la defensa que hizo de los eclesiásticos que condenaba el famoso bando del 25 de Junio—Haberse hecho un acuerdo en que Bataller, con sus dignos socios, alarmaron á Venegas para que sancionase sus crímenes; [2] haciéndolo publicar un bando extemporáneo, en que perjurándose

---

1 MÉXICO Á TRAVÉS DE LOS SIGLOS.—LA GUERRA DE INDEPENDENCIA, por D. Julio Zárate, tomo III, pág. 314.

2 "Yo mismo le llevé al Virey un ejemplar de mi papel, lo leyó y me dió las gracias; pero despues lo alborotaron los oidores y me persiguió......"—No copiamos el resto de esta nota, por no venir al caso de que nos ocupamos.

como un chino, suprimió la libertad de imprenta y decretó mi prision, á la que fuí arrastrado á las tres de la mañana del 7 de Diciembre de 1812, acompañado del receptor Roldan y otros pajarracos de su calaña, que viven. Se me sorprendió con más de sesenta hombres. ¡Tanto era el temor que me tenian por mi opinion! A esa hora me condujeron á la cárcel de Corte, al cuarto de prisiones, es decir, á un calabozo estrecho, en donde luego que comenzó á rayar la aurora y entró alguna luz por la pequeña ventanilla que tiene, me ví rodeado de los horrores de la muerte y de la infamia; porque no veia sino sacos de ajusticiados, cadenas, grillos, cordeles, mascadas, cubas y cerones, pronósticos todos de mi última existencia.[1]

"A las cinco fué el carcelero Varron haciendo un tremendo ruido con las llaves, que yo creí precursor de grillos y cadenas que me iban á poner. Sacóme, y preguntándole adónde me llevaba, me dijo: *á la capilla*. Considérese cuál seria mi sorpresa. Llevóme, en efecto, al *olvido*, un cuartito que hay en la capilla, donde se depositan los ajusticiados. Por horas esperaba yo al sacerdote que me habia de auxiliar, considerándome ya ahorcado: mirando el altar donde les dan el viático á estos infelices, la *tarimita* donde duermen, el confesonario donde se confiesan, la silla donde se sientan, etc., etc.

"A las nueve del dia 8, fué Roldan y otros ministriles á sacarme. Lleváronme á casa del Ministro Bataller, quien estaba con otro de tan piadoso corazon como él, y era el alcalde de Corte D. Felipe Martínez. Reci-

---

1 A esto alude la primera de mis Noches Tristes.

bióme Bataller, no como un juez imparcial y circuns-
pecto, sino como un borracho baladron, llenándome de
injurias é improperios. Entre los dos ministros me to-
maron la declaracion preparatoria, de que resultó que
me levantasen la excomunion carcelera ó el *separo*, no
por sus buenos corazones, sino por mi tal cual penetra-
cion. No creia Bataller que fuera yo el autor de nueve
papeles, que decia haber hecho más daño que Morelos
con todos sus cañones, porque habia dividido la opinion; y no lo creia, porque me vió flaco, descolorido,
de mala figura, con mi capote negro revolcado del calabozo, que no tuve la precaucion de limpiar. En estas
apariencias se fundó el gran sabio ministro Bataller
para no persuadirse á que yo era el mismo Pensador
Mexicano, en cuerpo y alma, como su madre lo pa-
rió...... Viendo yo el flanco que me dejaba descubierto,
le ataqué por él, y me le fingí más ignorante de lo que
soy, y lo creyó de modo que se compadeció de mí, me
levantó el separo, y me volví á la cárcel y á la sociedad de mis presos compañeros insurgentes; ¿y á qué?
á defenderme de él que lo temia de muerte, como que
acababa de asesinar en la plaza de Mixcalco al infeliz
Lic. Ferrer...... Lo sentenció á muerte este juez sin
justificarle el crímen de conspiracion; por una denun-
cia mal fundada, sin sustanciacion de causa, pues faltaba evacuar una cita producida por su enemigo D. Antonio Terán, cual era la de Alquisira, y lo más criminal
despues que el señor fiscal Ossés, hombre de bien de
veras, pidió que por sospecha vehemente se confinara
á Ferrer á un presidio por diez años.

"Ya sabe vd. que los fiscales piden para que ofrez-
can, como los baratilleros, que por lo que piden diez,

les ofrecen cinco. Así los fiscales pedian para un reo la pena de muerte, y la sala del crímen moderaba el pedimento y los condenaba á diez años de presidio: pedian diez años, la sala los condenaba á cinco, etc. Siempre la sala se mostraba ménos severa que el fiscal: sólo en este caso se trastornó la regla, y pidiendo el fiscal diez años de presidio para Ferrer, la sala lo sentenció á la pena capital.

"Conseguí, en efecto, sustraerme de la jurisdiccion del Sr. Bataller y demas oidores, recusándolos como partes interesadas en sostener el bando, y que por otra parte se juzgaban agraviados de mí. El Virey se convenció de mis razones, y mandó pasase la causa á la capitanía general. Cáteme vd. hecho oficial sin uniforme. Todo corrió por este órden, hasta que el señor auditor de guerra D. Melchor Foncerrada consultó mi libertad, asegurando que mi papel sólo contenia verdades. Pasé entre estos sustos y prisiones siete meses, tiempo muy suficiente para arruinarme, como me arruiné con mi familia."[1]

1 CARTAS DEL PENSADOR AL PAPISTA (1822), págs. 14, 15 y 16 de la segunda, y pág. 1ª de la tercera.

V

ESPUES que hubo salido Fernández de Lizardi en
libertad, se consagró á continuar publicando su
periódico *El Pensador Mexicano*, que llegó á formar tres volúmenes en 4º

En este periódico se encuentran artículos verdaderamente notables é interesantes, sobre asuntos de tras-
cendental importancia.

"La instruccion gratuita y obligatoria—dice uno de
sus biógrafos—principio salvador que con otros muchos, hijos de nuestro siglo, se defiende y pregona en
nuestra época; mejora importante que apénas comienza
á plantearse en algunas naciones, fué aconsejada como
medida regeneradora para nuestro pueblo, por Lizardi,
en los números 7, 8 y 9 del tomo 3º de su *Pensador
Mexicano*.

"Muy notable nos parece que Lizardi haya pedido

la enseñanza gratuita, porque debemos remontarnos al
año de 1812, y debemos recordar que entónces no habia escuelas para los niños pobres; tambien debemos
tener presente que en aquella época muchas señoras de
las principales familias no sabian escribir, y algunas se
veian obligadas á aprender ellas solas y clandestina-
mente la escritura, porque los padres no querian instruccion para sus hijas.

"Pero lo que nos parece verdaderamente admirable,
es que el Pensador se hubiera declarado por la enseñanza obligatoria.

"Nuestra patria, que tantos adelantos ha hecho en
materia de instruccion, aun no decreta la reforma á
que nos referimos.—En el mismo estado se encuentran
muchas naciones adelantadas, á pesar de que desde el
domingo 5 de Enero de 1794 (16 Nivoso, año II de la
República) la Convencion Nacional decretó la enseñanza gratuita y obligatoria."[1]

El Sr. Olaguíbel ha hecho justicia al *Pensador* en las
líneas preinsertas, y nosotros sólo añadirémos un lige-
rísimo extracto de su interesante proyecto de instruccion gratuita y obligatoria.

Despues de una breve introduccion, comienza Fernández de Lizardi examinando el lamentable estado
que guardaba en México la enseñanza de las primeras
letras, en el año de 1814 en que escribia, culpando
de este atraso á los señores curas de los pueblos y á los
ayuntamientos; encarece la importancia de la educa-

_____

1 Téngase presente que esto se escribió el año de 1874. Actual-
mente muchos Estados de la República Mexicana han decretado la instruccion obligatoria, y en el Congreso de la Union se ha presentado
hace poco un proyecto para establecerla en el Distrito Federal.

cion como un medio de corregir las malas costumbres,
y un elemento para el progreso de las sociedades; demuestra las pocas aptitudes y los escasos conocimientos de los maestros de su tiempo; propone que se debia
aumentar *el número de escuelas en México; proveerlas
de profesores hábiles y franquear al pueblo su enseñanza
gratis;* manifiesta los medios que él juzgaba fáciles para sostener los establecimientos que se fundaran; ad-
vierte que las personas que se ocupasen debian estar dotadas de un sueldo regular, tanto porque esto
seria justo, como para que pudieran vivir en casas adecuadas á su objeto, es decir, bien ventiladas y amplias;
censura á los padres que sólo por el prurito de que sus
hijos aprendan pronto, ó por verse libres de sus trave-
suras, los mandan á la escuela en una edad muy corta;
dice que primero se debe cuidar de la educacion física,
haciendo que los niños practiquen ejercicios que tien-
dan al desarrollo de su cuerpo; señala el modo más
adecuado para atraer á las escuelas á los educandos,
proscribiendo del todo los infames instrumentos de su-
plicio que entónces estaban en uso, como la *disciplina,*
la *palmeta* y otros; recomienda que se debe hacer amar
á los niños el estudio, y no fatigarles la atencion te-
niéndolos sentados en las clases muchas horas. Pasan-
do despues á lo que constituye propiamente su proyecto de instruccion obligatoria, expresa, con muchísima
razon, que el primer pretexto que alegan los padres
para enviar á las escuelas á sus hijos, es el de que son
pobres y que no tienen para vestirlos; pero para lo primero propone el *Pensador* que la enseñanza debe ser
gratuita, y para lo segundo, que seria muy conveniente
que se proporcionaran á los muy necesitados los trajes

correspondientes; que el modo de obligar á que asis-
tieran los niños, era que se nombrara en cada calle un
vecino honrado y patriota que formara un libro en que
constaran los nombres de todos los que en ella vivie-
ran, con la noticia de sus padres y el número de las
casas que habitaran; que se pasara lista todos los dias
á la hora de clase, y que si faltaba algun discípulo, se
diera aviso por el maestro al celador respectivo, con
este fin nombrado, para que inquiriese el motivo por
que no habia asistido el alumno; que si de él dependia
la falta se le aplicara el condigno castigo; pero si del
padre, á éste se le cobrara una multa de dos pesos, y
no pudiendo satisfacerla, se le aplicara la pena de cárcel ó grillete, y que los productos de las multas se des-
tinaran á comprar medallas para premiar á los discí-
pulos aprovechados, medallas que se adjudicarian en
fiestas adecuadas á este fin. Concluye Fernández de
Lizardi su proyecto, proponiendo los textos que se debian adoptar, y el método de enseñanza, en el que hay
algunas indicaciones que demuestran que él preveia las
inmensas ventajas que se alcanzan con el *sistema obje-
tivo*, cuya utilidad palpamos en nuestros dias.

Tal fué, en resúmen, su avanzadísimo proyecto de
instruccion gratuita y obligatoria; y sean los que fueren los defectos y vacíos que en él se encuentren, deben disculparse en atencion á la época en que lo escribió su autor, quien por lo mismo es más bien acreedor
á elogio por idea tan noble como filantrópica, pues la
verdadera filantropía no consiste únicamente en dar
pan á los hambrientos, sino tambien en proporcionar la
ilustracion á los ignorantes.

Al mismo tiempo que daba á luz el periódico citado,

Fernández de Lizardi publicó en todo el año de 1813 muchos escritos; "relativos los más—dice un escritor—á la horrorosa peste que afligia por este tiempo á México, y formarán un tomo en 4º''

Durante los años de 1814 á 1816, publicó tambien varios escritos en prosa y en verso, entre los cuales debemos mencionar su *Alacena de Frioleras*, miscelánea periódica, en la que insertó por primera vez algunas de sus fábulas y artículos de costumbres mexicanas.

El año de 1816, por los últimos dias del mes de Enero, vió la luz pública el prospecto de su obra más conocida, y de mayor mérito, *El Periquillo Sarniento.*

En este prospecto, que trae un resúmen de la vida y aventuras del héroe de la novela más popular de Fernández de Lizardi, encontramos curiosas noticias sobre las condiciones de la primera edicion de *El Periquillo*, como son, las de que comenzaria á publicarse el primer mártes de Febrero del mismo año de 1816, saliendo á luz semanariamente dos entregas, una los mártes y otra los viérnes, estando formada la entrega de un capítulo de la obra, y siendo el precio de cada una de ellas *un real*, valiendo la misma cantidad cada lámina por separado, pues el *Pensador* calculaba en *ochocientos pesos* el costo de todos los grabados que habian de ilustrar el libro.

Entónces, únicamente se publicaron los tres primeros tomos del *Periquillo*, bajo las condiciones ya mencionadas, pues se negó á su autor el permiso para imprimir el cuarto, por tratar en él la cuestion de la esclavitud. En el capítulo primero del citado volúmen, habla sobre este asunto el *Pensador*, con la nobleza de ideas y la gran energía que siempre manifestó.

El gobierno de un virey, al negarle el permiso para publicar el cuarto tomo de su *Periquillo*, labró en parte y sin quererlo la gloria del *Pensador*, porque éste, al condenar la esclavitud, y al protestar contra tan bárbaro comercio, se colocó á una altura digna y envidiable, en la que sólo se encuentran ciertos héroes esclarecidos.

Grande, más grande que Washington y Bolívar es Hidalgo proclamando la libertad de los esclavos, lo mismo que Morelos al ejecutar este decreto del Padre de la Patria; pero despues de ellos, tambien es muy grande Fernández de Lizardi; porque en plena dominacion española, en la capital del vireinato, y cuando disputaban nuestros caudillos la Independencia, en los campos de batalla, fué el primer escritor mexicano que se atrevió á defender á los esclavos, y á defenderlos con brío, con entereza, y sin miedo á los tiranos.

Si Hidalgo por sólo haber abolido la esclavitud, durante la gloriosa lucha de Independencia, se hizo acreedor á una estatua, Fernández de Lizardi, condenando con su pluma la esclavitud, merece igualmente, por solo este hecho, un monumento que lo recuerde á la posteridad.

En 1817 salió la coleccion de sus *Fábulas*, en un tomo en 8º menor, y por este tiempo escribia la novela *La Quijotita y su prima*. Siguió á ésta la primera edicion de otra, intitulada: *Noches Tristes y Dia alegre*, que despues fué reimpresa é incluida en la miscelánea que dió á luz en 1819 con el título de *Ratos Entretenidos*, en dos volúmenes en 8º En el primer tomo de los *Ratos* se encuentran las letrillas satíricas, y otras poesías que el *Pensador* habia publicado ocho años

ántes, entre las que debemos citar su magnífico y bellísimo *Himno á la Providencia*, que puede servir de modelo de lo sublime en algunos de sus versos, y que á
pesar de ser una imitacion de Horacio, lo acredita de
verdadero é inspirado poeta, pues supo su autor dar
novedad á la *Oda* imitada, introduciendo la fe religiosa.

Restablecida la libertad de imprenta en 1820, el
Pensador comenzó á publicar multitud de folletos, cuya lista, aunque no completa del todo, damos en la segunda parte de estos Apuntes.

Debemos mencionar aquí, anticipando esta noticia,
el famoso diálogo intitulado: *Chamorro y Dominiquin*
(1821), por el cual estuvo preso algunos dias Fernández de Lizardi.

Publicó más ántes su bien escrito periódico *El Conductor Eléctrico*, el que contiene artículos muy interesantes, como los relativos á la defensa de la Constitucion, y entre otros, uno sobre la sangrienta diversion
de los toros, publicado en el núm. 22, de cuyo artículo
tomamos los siguientes párrafos, para que se conozca
la opinion que sobre este espectáculo, indigno de una
nacion civilizada, se habia formado el *Pensador*. Di-
cen así:

"La diversion de los toros es la más bárbara y cruel
que se ha pensado. Ya en otros papeles[1] impresos he
declamado contra ella, y con mordaza; porque el censor
me borró muchos renglones valientes, á pretexto de
que esta diversion la sostenia el gobierno para el so-

___

1 Véase su bello artículo intitulado *La Conferencia entre un toro
y un caballo*. (EL PENSADOR MEXICANO. Tomo III, núm. 14, pág. 123.)

4

corro de sus urgencias, como si nos fuera lícito come-
ter un pecado mortal para remediar una necesidad.
Mas, aun prescindiendo de los daños morales y civiles
que acarrea esta diversion, deberia abolirse del todo,
ó á lo ménos escasearse, considerando el gérmen de
crueldad que deja en los espectadores, de lo que soy
un buen testigo.

"Tengo una niña de siete años y meses: ésta, cuando
tenia apénas tres años, lloraba demasiado y escondia
la carita en el regazo de su madre, cada vez que veia
un caballo herido ó el mismo toro con sangre: en cuatro años no la he llevado diez veces á la plaza, y con
toda esta economía, advierto que ya se necesita mucho
para que se contriste á la vista de este espectáculo san-
griento.

"Si esto sucede en un corazon tierno y sencillo como
el de una niña, ¿qué será en el de un adulto criado y
nutrido con semejante diversion?"[1]

El Conductor Eléctrico constó primero de 24 números, pues no pudo continuar su autor publicándolo por
falta de tipografía en que lo quisieran imprimir; pero
segun afirma un escritor, lo terminó una vez consumada la Independencia, y entónces tambien dió á luz
las *Conversaciones del payo y el sacristan.*

"Las conversaciones 6ª, 20ª y 22ª, dice uno de sus
biógrafos, fueron censuradas agriamente por los doctores Grageda y Lerdo, y contestó el *Pensador* en un
impreso titulado "Observaciones á las censuras de los
doctores Lerdo y Grageda."

1 Núm. 22, pág., 188 de EL CONDUCTOR ELÉCTRICO.—Imprenta de
Ontiveros, año de 1820.

"El Dr. Lerdo publicó despues un cuaderno en 4º impugnando los referidos escritos; pero el *Pensador* abandonó el campo, asegurando que sólo prescindia de la contienda por falta de fondos para pagar las impresiones."

Debemos tambien hacer constar en este capítulo, que por estos tiempos el *Pensador* sostuvo muchísimas polémicas con varios escritores, entre las que citarémos la del Padre Fr. Mariano Soto, que fué una de las más reñidas. (1820.)

Muy fecunda fué la pluma de Fernández de Lizardi; se puede asegurar que durante los años trascurridos desde 1811 hasta su muerte acaecida en 1827, publicó más de veinticinco gruesos volúmenes, incluyendo, por supuesto, sus obras literarias. Admira la gran facilidad que tenia para escribir sobre toda clase de materias, lo que indica que era hombre estudioso y de talento no comun, y sorprende á la vez, cómo podia imprimir tanto, dado el estado que guardaba en materia de fondos, pues exceptuando una que otra ocasion en que por falta absoluta de recursos como ya hemos visto, le fué vedado hacerlo, casi siempre publicaba folletos á su costa, y se puede afirmar que ocupó la mayor parte de las imprentas que habia entónces en México.

Esto nos hace suponer, no sin fundamento, pues D. Cárlos María Bustamante dice: que "los escritos del *Pensador Mexicano*, no sólo se leian, sino que se reimprimian en Guadalajara;" esto nos hace suponer, repetimos, que sus obras y folletos eran buscados con afan, y por consiguiente muy vendidos, y con lo que esto le producia, medio subsistia, y consagraba la mayor parte de las utilidades á sus impresiones, ayudándose tambien en sus gastos con lo que ganaba en una alacena que tuvo en el portal de Mercaderes, donde expendia los periódicos y los papeles que entónces se publicaban.

Para concluir este capítulo, referirémos que, por el mes de Julio del año de 1820, estableció el *Pensador*, en la calle de Cadena letra A, una "Sociedad Pública de lectura," en la que por un real cada vez que asistia uno á ella, se leian todos los periódicos é impresos que se publicaban por ese tiempo, pagando igual precio cuando le eran llevados á domicilio.

De gran utilidad creemos que hubiera sido este pensamiento de Fernández de Lizardi en esa época, porque contribuia á difundir la ilustracion; pues como aseguraba el autor de tan noble establecimiento, "muchos no leen, no porque no saben ó no quieren, sino porque no tienen proporcion de comprar cuanto papel sale en el dia, con cuya falta carecen de mil noticias útiles, y de la instruccion que facilita la comunicacion de ideas;" pero desgraciadamente el éxito no correspondió á los afanes del *Pensador*, y así lo dice él mismo: "gasté y perdí mi dinero en la empresa, que no tuvo efecto, porque el público sin duda no se impuso de las ventajas que debian resultarle más que á mí."

VI

.

OCAMOS una época de la vida del *Pensador*, en la que se hizo manifiesto el odio y el rencor que le profesaron sus enemigos, y en la que él sostuvo por algun tiempo una situacion dificilísima, luchando sin tregua y con gran valor, contra un clero fanático, y contra una sociedad y un gobierno que estuvo muy léjos de comprender la injusticia manifiesta que cometia al no amparar y al despreciar á un hombre, notable por más de un título, víctima de una autoridad eclesiástica, tan apasionada como ignorante.

Hé aquí cómo acontecieron los hechos:

Entre los numerosos folletos que publicó Fernández de Lizardi, el dia 13 de Febrero de 1822 apareció uno intitulado: "Defensa de los Francmasones, ó sean observaciones críticas sobre las bulas de los SS. Clemente XII y Benedicto XIV."

Circuló desde ese dia el folleto, si se quiere hasta inadvertido; pero el 20, cierto fraile carmelita predicó en la Catedral un sermon terrible, sobre dicho impreso, asegurando que contenia muchos conceptos heréticos, y exhortando al cabildo eclesiástico para que usara contra su autor de las armas de que disponia la Iglesia para faltas semejantes.

"En el mismo dia 20, dice el *Pensador*, se reunió la arbitraria é ilegal junta de censura eclesiástica. Llámola así, porque tal instituto, opuesto al sistema de libertad, fomento de las disensiones entre las autoridades civiles y eclesiásticas, y espantajo terrible de los escritores, tuvo su orígen por la simple voluntad del arzobispo de Toledo."

Dicha junta calificó al folleto del *Pensador*, de "erróneo, sospechoso de herejía, escandaloso, ofensivo de oidos piadosos, temerario, injurioso á las autoridades tanto civiles como eclesiásticas del Estado, y tambien fautor del cisma y del indiferentismo sobre religiones ó sectas."

Fruto de este torpe y ridículo dictámen, fué la excomunion dictada por el provisor Flores Alatorre contra el *Pensador*. Hé aquí copia de uno de los disparatados cartelones que se fijaron públicamente en las iglesias:

"Nos el Dr. D. Félix Flores Alatorre, canónigo doctoral de esta Santa Iglesia Catedral, provisor y vicario general de este arzobispado por el Ilmo. Sr. Dr. D. Pedro José de Fonte, dignísimo arzobispo de esta diócesis, etc., etc.

"Tengan por público excomulgado á Joaquin Fernández de Lizardi, conocido por el Pensador Mexi-

cano, como autor del papel titulado: Defensa de los
francmasones, y que en su escrito notoriamente auxilia,
favorece, propaga y fomenta cuanto la Silla Apostólica
condenó y prohibió bajo la pena expresa de excomunion *ipso facto, absque ulla declaratione incurrenda*, etc."

Viéndose anatematizado el *Pensador*, se defendió por
medio de escritos que revelan su estilo chispeante, y
que se encuentran fundados en sólidos principios. Entónces fué cuando publicó su *Segunda defensa de los
francmasones*, y sus brillantes *Cartas al Papista*, de
las cuales la mejor es sin duda la cuarta, en la que con
gran acopio de citas históricas, y argumentos de gran
peso, niega la infalibilidad del Papa, y concluye em-
plazando á sus enemigos á un acto público en la Universidad, para probarles las dos siguientes proposicio-
nes:

PRIMERA: LA EXCOMUNION FULMINADA CONTRA MÍ,
ES INJUSTA, POR NO HABER RECAIDO SOBRE DELITO.

SEGUNDA: ES ILEGAL, POR HABERSE QUEBRANTADO
EN SU FULMINACION LOS TRÁMITES PRESCRITOS POR
LOS CÁNONES.

Sus enemigos, ó muy ignorantes para sostener una
discusion, ó demasiado orgullosos, no admitieron el re-
to de Fernández de Lizardi.

Además de esto, interpuso el recurso de fuerza ante
la autoridad territorial, y elevó cinco ocursos al Congreso, para que se le mandara levantar la censura por
el término legal, y se le nombrara un abogado que lo
representase, pues todos á los que habia ocurrido con
este objeto, se habian negado á defenderlo. Pero á pesar de estas diligencias, no logró conseguir nada que
lo libertase de la dificilísima situacion en que lo ha-

bian colocado sus enemigos, por cuyo motivo, despues de haber arrostrado con energía, cerca de dos años, tantas tropelías é injusticias, y de haber tenido que huir de la ciudad de México, porque lo perseguia con afan la Condesa de la Cortina, "á fines de 823—dice uno de sus biógrafos—en un escrito presentado ante la autoridad eclesiástica, renunció y desistió del recurso de fuerza y pidió la absolucion, la que se le concedió en decreto de 29 de Diciembre del mismo año de 1823, y estos documentos se imprimieron para darles publicidad en el número 269 del periódico titulado *Aguila Mexicana*, de 8 de Enero de 1824."

Tal fué compendiosamente referido el famoso asunto de la defensa de los francmasones, que dió motivo á que el *Pensador* atravesara por uno de los períodos más críticos y aflictivos de su vida. En efecto, entónces sus adversarios movieron los medios más ruines y más inícuos, para satisfacer una de las más repugnantes pasiones, la venganza; porque ésta, y no otro, fué el móvil que guió á los que fulminaron contra él ridículos anatemas.

No fué el celo religioso, ni las herejías que se dijo contener su folleto, ni las faltas á la autoridad civil y eclesiástica de que se le acusaba; fué, lo repetimos, una venganza vil, sólo porque Fernández de Lizardi se habia atrevido más ántes á demostrar "que no eran de institucion divina los canónigos, ni útiles á la Iglesia, y sí perjudiciales al Estado por las cuantiosas rentas que se absorbian, rentas que estarian mejor empleadas y con más agrado de Dios, en fomentar escuelas y casas de beneficencia, hospitalidades é industrias, que en sostener magníficas habitaciones, dorados coches y

un exceso de lujo prohibido por los cánones." Y porque
afirmaba "que los diezmos debian reformarse porque en
el pié que estaban atrasaban al labrador, arruinaban
á la agricultura......"

Estos abusos señalados á los orgullosos miembros del
clero de aquella época, hirieron en lo más íntimo su
amor propio y sus intereses, y comenzaron á buscar la
ocasion más propicia para ejercer su venganza, hallán-
dola en la cuestion de los *francmasones*.

Lo que entónces sufrió Fernández de Lizardi, se
puede apreciar considerando que un excomulgado en
esos tiempos, era un sér despreciable y maldito, un sér
del cual huian todos como de un apestado para no con-
tagiarse. Se refiere que llegaron á excitar tal odio sus
enemigos hácia el *Pensador*, que éste era conocido con
los epítetos que la ignorancia aplica en estos casos;
que una dama alzó la orla de su vestido para no tocarlo
una vez que pasó junto á él; que no podia salir con fre-
cuencia á la calle, porque en cierta ocasion una caterva
de léperos lo iban á apedrear, y por último, que no
habia "mozo ni moza" que le quisiera servir en su casa.

¡Quienes se valieron de estos rastreros medios para
vengarse, fueron unos cobardes y merecen nuestro des-
precio! ¡Quien sufrió con entereza estas miserias, fué
un hombre superior, acreedor á nuestro respeto y ad-
miracion!

Pero no sólo esta vez fué el *Pensador* víctima de las
persecuciones y de los anatemas del clero; más ántes
y años despues, tuvo que sufrirlos, pero con valor y
serenidad, pues él mismo despreciaba á sus enemigos
diciéndoles: "si hay púlpitos en que me ofendan, no
faltan prensas con que defenderme."

Una de las órdenes religiosas que se distinguió por su odio hácia el *Pensador*, fué la del Cármen. "Fraile carmelita, dice Fernández de Lizardi, era el que predicó contra mí en Catedral el dia de San Ildefonso, del año de 1820, bien que no fué por la respuesta á Roma. Carmelita era y hoy dominico, Fr. Juan de Santa Teresa, quien luego que *entré con el ejército*, me envió á decir que tenia que venir á mi casa con doce frailes con sus disciplinas, á darme una zurra de azotes; yo le dije que vinieran en buena hora, pero que se confesasen primero, pues no habian de volver cabales, y otras lindezas que él sabe, siendo la más desabrida, encargarle que hiciera de mi carta el uso que quisiese. Carmelita es ó era si ha muerto, Fr. José de San Bartolomé, quien escribió contra mí, el año que sacrificaron al héroe Morelos, un fárrago furioso, que llamó dictámen, en el que pedia que me encerraran en la Inquisicion. Este fraile fué el autor del desatinado librejo que tituló: "*El Duelo de la Inquisicion*," y el que escribió contra mí el año de 20, un *Teólogo imparcial*, que no se atrevió á concluir, no más porque le acusé una herejía que imprimió."[1]

Por último, el mismo fraile, tambien Carmelita, que contribuyó con un sermon para que excomulgaran al Pensador el año de 1822, predicó otro en la iglesia del Convento del Cármen, el dia 27 de Abril de 1823, contra los "papeles impíos que estaban saliendo, especial-"mente los del *maldito, hereje, impio, excomulgado Pen-*"*sador, cuya conducta moral era la más libertina y rela-*"*jada, etc., etc.*"

1 *Un fraile sale á bailar, y la música no es mala*, pág. 3.—Año de 1823.

Y toda esta serie de insultos, ¿qué los habia motivado? El *Pensador* nos lo dice en las siguientes líneas:

"Así que me injurió cuanto quiso y pudo, dió á entender que lo más que le habia hecho cosquillas y movido la bílis contra mí, fué mi último papel titulado: "La nueva revolucion que se espera en la nacion," en el que hablo *á favor del tolerantismo religioso, de la reforma que necesita el clero, de la inutilidad y pública relajacion de los frailes,* de lo enemigos que son muchos del sistema republicano, de los motivos del abuso que harán del púlpito y confesonario para envolvernos en nueva guerra, y de los medios que el Soberano Congreso puede adoptar para precaverla."[1]

Los conceptos que encierran las líneas preinsertas, vienen á comprobar lo que dijimos ántes, esto es, que no era el celo religioso sino los abusos señalados al clero, lo que hacia que éste excomulgara al *Pensador*, lo insultara desde los púlpitos y tratara de desacreditarlo de cuantos modos estaban á su alcance.

---

1 Un fraile sale á bailar, etc., pág. 2.—Año de 1823.

VII

OCAS son las noticias que hemos podido reunir sobre los últimos años de la vida del Pensador. Parece que en el año de 1823 fué desterrado de la ciudad de México, por sus ideas políticas.

Escritor fecundo é infatigable, cuando volvió á la Capital continuó publicando multitud de interesantes folletos. Escribió tambien una pequeña novela, que á no haber publicado ántes otras de gran mérito, lo hubiera acreditado de buen novelista: aludimos á la intitulada *Vida y aventuras de D. Catrin de la Fachenda*, que no sabemos si publicaria entónces, pues la edicion más vieja que conocemos está impresa despues de su muerte.

Por último, harémos constar que la junta reunida para premiar los servicios de los que lucharon por nuestra Independencia, en atencion á los que prestó el *Pensador* durante ella, le concedió el sueldo de capitan

retirado, que consistia en sesenta y cinco pesos men·
suales. Además, desempeñó por algun tiempo el cargo de redactor de la *Gaceta*, y segun asegura su primer
biógrafo, en estos últimos años de su vida fué editor
de un periódico cuyo título no hemos logrado saber.

Creemos oportuno, ahora que vamos diseñando el fin
de la existencia de un hombre que consagró su talento
y sus servicios al bien y progreso de su país, presen-
tarlo bajo una nueva faz, que viene á complementar el
bello conjunto de las cualidades que poseia.

El *Pensador* reunió á su patriotismo, á su energía, á
sus relevantes méritos de escritor, un corazon grande
y noble. Muchas veces, en medio de la continua lucha
que sostuvo para subsistir, pues habia vivido en la po-
breza, procuró ejercer una virtud, que constituyó una
de las más bellas prendas de su excepcional carácter:
la caridad. En más de una ocasion se le vió conducir
á su casa personas que se encontraban en la miseria,
para darles no solamente el techo hospitalario y ali-
mentos, sino tambien vestidos que él mismo se quitaba
para cubrir á aquellos necesitados. Esto nos ha referido una respetable anciana que conoció al *Pensador*, y
que fué testigo de tan nobles acciones. Así es que Fernández de Lizardi tuvo la dicha de poseer dos joyas va-
liosísimas que no siempre se hermanan, dos joyas que
forman una de las más bellas cualidades que puedan
existir, el talento y la virtud.

Pero aquel hombre habia difundido de cuantos modos le habia sido dado, el bien, y su fin se aproxima-
ba, su mision iba á concluir.

"La desgracia quiso—dice un biógrafo—que, ya fue-
se por el trabajo personal del ejercicio de la pluma, ya

por la constitucion reseca y débil, ó por la configura-
cion del pecho y pulmones, se contrajese una tísis pul-
monar, que poco á poco le fué consumiendo," á tal
grado, añadirémos nosotros, que la ciencia se declaró
impotente para curarle. Víctima de esta enfermedad,
que durante un año se le agravó demasiado, murió el
dia 21 de Junio de 1827, á'las cinco y media de la mañana. [1]

Fué sepultado en el atrio de la iglesia de San Láza-
ro, donde la amistad colocó una sencilla y humilde lá-

1 De unos apuntes escritos por el Sr. D. Jacobo M. Barquera, ex-
tractamos las siguientes noticias, que no dejan de ser curiosas:

"La casa en que murió el *Pensador*, fué la núm. 27 de la calle del
Puente Quebrado. Su cadáver fué exhibido públicamente para des-
mentir la absurda conseja que hicieron circular los fanáticos, de que
habia muerto endemoniado. Fué velado su cuerpo por D. Pablo Villa-
vicencio (El Payo del Rosario); por D. José Guillen, por un español
Aza que habia sido su encarnizado enemigo, y por D. Anastasio Zere-
cero, quien fué encargado del entierro y presidió los funerales. Acom-
pañaron el cadáver del *Pensador* á su última morada, multitud de cu-
riosos y muchos de sus partidarios, siendo sepultado el dia 22 de Junio
del propio año de 1827, con todos los honores de Ordenanza que se
consagran á un capitan retirado.

"El *Pensador* contrajo matrimonio por los años de 1805 á 1806, con
D.ª Dolores Orenday, de la que sólo tuvo una hija que llevó el nombre de su madre. Esta falleció cuatro meses despues de la muerte de
su esposo, y la Srita. Fernández de Lizardi quedó á cargo de la Sra.
D.ª Juliana Guevara de Ceballos; pero despues la jóven se incorporó á
otra familia, y murió en Veracruz de vómito, al lado del General Don
Ignacio Mora y Villamil.

"Entre los huérfanos que protegió Fernández de Lizardi, se debe
mencionar al General D. Joaquin Rangel, quien perdió á su madre en
un incendio, y al hijo de un carpintero llamado Marcelo, á quien mal-
trataba mucho el padre, por lo que fué recogido y educado por *El Pensador*, y tomó en agradecimiento el apellido de éste."

pida, que debido á las trasformaciones que ha sufrido este cementerio, hoy no se ha podido encontrar, y por consiguiente nos priva de saber dónde descansan sus restos.

No importa; el sepulcro recoge los despojos que pronto se convierten en polvo despreciable, pero la Inmortalidad es la encargada de conservar algo más imperecedero, algo que vive más á través de las edades, y la Inmortalidad ha recogido para siempre el nombre de Don José Joaquin Fernández de Lizardi.

¡Qué importa que ignoremos el lugar donde yacen sus humanos restos, si dejó indelebles huellas, legándonos una obra en que creó una literatura propia y nacional; si sabemos que fué uno de los más inmaculados patriotas, y uno de los partidarios más ardientes de la Reforma y del Progreso; si sus escritos contienen ideas tan avanzadas, como la de la instruccion obligatoria; si estamos seguros que algun dia la Patria le hará justicia, elevándole un monumento, que en lenguas de mármol ó de bronce proclame sus altos méritos literarios y sus preclaras virtudes, para que sirvan de ejemplo y sean imitadas por la posteridad!

México, Noviembre 29 de 1887.

SEGUNDA PARTE.

—

APUNTES BIBLIOGRÁFICOS.

ADVERTENCIA.

——

RIESGO de que se nos tache de minuciosos y de cansados, hemos creido conveniente formar una bibliografía de las obras y escritos del Pensador Mexicano, lo más completa que nos ha sido posible.

Ántes de emprender esta tarea, que no poco trabajo nos costó, reunimos cuantas ediciones encontramos de los libros de Fernández de Lizardi, así como colecciones de sus periódicos, calendarios y folletos, ayudándonos en esto nuestro fino y distinguido amigo el Sr. D. Jacobo M. Barquera.

Pero á pesar de que nuestros *Apuntes* son más extensos que los hasta ahora publicados por los biógrafos del *Pensador*, somos los primeros en confesar que los consideramos incompletos, principalmente respecto de la lista de impresos varios; pues aunque la del Sr. Olaguíbel, que era hasta ahora la más completa, no comprendia sino *quince folletos*, y la nuestra contiene más de *cien*, faltan de seguro muchos que no hemos logrado conseguir.

Sin embargo, por nuestros *Apuntes* se podrá juzgar de lo mucho que produjo la fecunda pluma del *Pensador Mexicano.*

Luis González Obregón.

I

NOVELAS.

—

1.—"EL PERIQUILLO SARNIENTO."

—

1ª Edicion.—EL ‖ PERIQUILLO SARNIENTO. ‖ Por El ‖ Pensador Mexicano. ‖ Con las licencias necesarias. ‖ México: ‖ En la Oficina de D. Alexandro Valdés, calle ‖ de Zuleta, año de 1816.

De esta primera edicion, que es hoy sumamente rara, sólo se publicaron los tres primeros volúmenes, pues el gobierno español negó á su autor el permiso para la impresion del cuarto. Nosotros sólo hemos podido examinar dos tomos; *el segundo*, que consta de IV págs. del *Prólogo*, y 227 de texto en 4º comun, y 12 láminas; y *el tercero*, que consta de 228 págs., tambien en 4º y con 12 láminas. Éstas están ejecutadas en cobre por un Sr. Mendoza.

—

2ª Edicion.—Impresa en casa de Daniel Barquera, calle de las Escalerillas.

—

3ª Edicion.—EL ‖ PERIQUILLO SARNIENTO ‖ Por ‖ El Pensapor Mexicano ‖ Tercera Edicion ‖ Corregida y Aumentada por su Autor[1] || Mexico: 1830–1831 || Imprenta de Galvan á cargo de Mariano Arevalo. || Calle de Cadena Núm. 2. || Se espende en la alacena de libros esquina al portal || de Mercaderes y Agustinos.

Cinco volúmenes en 8?, conteniendo el *Tomo I*, 258 páginas, y dos de Indice; el *Tomo II*, 257 y dos de Indice; el *Tomo III*, 262 y dos de Indice; el *Tomo IV*, 209 y dos de Indice; y el *Tomo V*, 175 y dos de Indice. Viene ilustrada esta edicion con bastantes curiosas láminas en cobre.

4ª Edicion.—EL || PERIQUILLO SARNIENTO || Por || El Pensador Mexicano || Cuarta Edicion || Corregida, Ilustrada con Notas, y Adornada || Con Sesenta Láminas Finas || México. || Se espende en la librería de Galvan, || Portal de Agustinos número 3 || 1842.—Al reverso se lee: Imprenta de V. G. Torres, Calle del Espíritu Santo Núm. 2.

Esta edicion, que sin disputa alguna es la mejor de las que se han hecho hasta ahora del *Periquillo*, consta de cuatro tomos en 8? grande, generalmente empastados en 2 volúmenes. Contiene el *Tomo I*, XX–189 páginas y dos de Indice; el *Tomo II*, VIII–206 y dos de Indice; el *Tomo III*, 196 y dos de Indice; y el *Tomo IV*, 230, incluso el *Pequeño Vocabulario*, y dos de Indice.

5ª Edicion.—Impresa por Ignacio Cumplido en 1845, en cuatro volúmenes, de semejantes condiciones á la anterior.

6ª Edicion.—EL || PERIQUILLO SARNIENTO || Por || El Pensador Mexicano || Quinta Edicion[2] || Corregida, Ilustrada con Notas, y adornada con || muchas láminas finas || México || Imprenta de M. Murguía y Comp., || Portal del Aguila de Oro || 1853.

1 Este es un error, pues el Pensador murió en 1827.
2 Debia de ser *Sexta*.

Cuatro volúmenes en 16º, conteniendo el *Tomo I*, 272 páginas y dos de Indice; el *Tomo II*, 299 y dos de Indice; el *Tomo III*, 285 y dos de Indice; el *Tomo IV*, 329 y tres de Indice.

———

7ª Edicion.—EL ‖ PERIQUILLO SARNIENTO ‖ Por ‖ El Pensador Mexicano ‖ Primera Edicion de Blanquel ‖ Corregida, ilustrada con Notas, y adornada ‖ con 56 láminas finas ‖ México ‖ Se espende en la Librería de Blanquel, ‖ calle del Teatro Principal Número 18 ‖ 1865.—Al reverso se lee: Imprenta de Luis Inclan, Calle de la Cerca de Santo Domingo Número 12.

Cuatro tomos en 8º grande, encuadernados generalmente en dos volúmenes, y conteniendo respectivamente cada tomo 215, 220, 206 y 244 páginas.

———

8ª Edicion.—Impresa en el folletin de *El Diario del Hogar*, en cuatro volúmenes en 16º, sin láminas.

———

9ª Edicion.—EL ‖ PERIQUILLO SARNIENTO ‖ Por ‖ El Pensador Mexicano ‖ Segunda Edicion [1] ‖ Corregida, ilustrada con notas, y adornada con 80 ‖ láminas finas ‖ México, ‖ J. Valdés y Cueva, ‖ Calle del Refugio núm. 12. ‖ R. Araujo, ‖ Calle de Cadena número 18. ‖ 1884–1885.

Cuatro volúmenes en 4º menor, conteniendo el *Tomo I*, 188 páginas y dos de Indice; el *Tomo II*, 211 y dos de Indice; el *Tomo III*, 204 y dos de Indice; y el *Tomo IV*, 245 y dos de Indice.

———

Pocas obras mexicanas habrán alcanzado el número de ediciones que *El Periquillo*, y sólo esto demuestra la acogida que ha tenido siempre. Por cuyo motivo seria conveniente hacer de ella una edicion monumental, como merece, con notas crí-

———

1 Debia de ser *Novena*.

ticas, filológicas é históricas, ilustrando su texto con buenos
grabados y cromos, que representaran las interesantes escenas de que abunda la narracion.

El Periquillo Sarniento es una novela profundamente realista y esencialmente nacional. Muchos juicios se han emitido
sobre ella; los más, elogiándola con entusiasmo, y los ménos,
señalándole defectos que se refieren tan sólo á la forma, de
los que se defendió victoriosamente su autor en la bellísima
Apología que escribió con este fin, el año de 1819.

Pero de todos los análisis que se han escrito y publicado
del *Periquillo*, creemos que los más notables son los de los
Sres. D. Ignacio M. Altamirano y D. Guillermo Prieto, con-
tenido el primero en las *Revistas Literarias* de aquel eminen-
te literato, y el segundo, en la *Carta* que nos dirigió su autor, á los redactores del periódico *El Liceo Mexicano*, con
motivo del número que consagramos á la memoria del *Pensador*.

"La más famosa de esas obras—dice el Sr. Altamirano hablando de las que publicó el *Pensador*—es el *Periquillo*, de la
cual es inútil hacer un análisis, porque puede asegurarse, sin
exageracion, que no hay un mexicano que no la conozca, aunque no sea más que por las alusiones que hacen frecuentemente á ella nuestras gentes del pueblo, por los apodos que
hizo célebres, y por las narraciones que andan en boca
de todo el mundo. Lo que sí dirémos, es que el *Pensador*
se anticipó á Sué en el estudio de los misterios sociales, y que
profundo y sagaz observador, aunque no dotado de una instruccion adelantada, penetró con su héroe á todas partes, para
examinar las virtudes y los vicios de la sociedad mexicana, y
para pintarla como era ella á principios de este siglo, en un
cuadro palpitante, lleno de verdad, y completo, al grado de
tener pocos que le igualen. El *Pensador* vivia en una época
de fanatismo y de suspicacia; cualquiera idea de libertad, cualquier pensamiento de innovacion, costaba caro. Era el tiempo todavía de los vireyes y de la Inquisicion, y sin embargo,

su novela es una sátira terrible contra aquella sociedad atrasada é ignorante; contra aquel fanatismo; contra aquella esclavitud; contra aquella degradacion del pueblo; contra aquella educacion viciosa y enfermiza; contra aquellos vicios que hubieran consumido la savia de esta nacion jóven, si no hubiese venido á vigorizarla el sacudimiento de la revolucion. El novelista, como un anatómico, muestra las llagas de las clases pobres y de las clases privilegiadas; revela con un valor extraordinario los vicios del clero; muestra los estragos del fanatismo religioso, y las nulidades de la administracion colonial; caricaturiza á los falsos sabios de aquella época y ataca la enseñanza mezquina que se daba entónces; entra á los conventos y sale indignado á revelar sus misterios repugnantes; entra á los tribunales y sale á condenar su venalidad y su ignorancia; entra á las cárceles y sale aterrado de aquel *pandemonium*, del que la justicia pensaba hacer un castigo arrojando á los criminales en él, y del que ellos habian hecho una sentina infame de vicios; sale á los pueblos y se espanta de su barbarie; cruza los caminos y los bosques, y se encuentra con bandidos que causan espanto; por último, desciende á las masas del pueblo infeliz, y se compadece de su miseria y le consuela en sus pesares, haciéndole entrever una esperanza de mejor suerte, y se identifica con él en sus dolores, y llora con él en sus sufrimientos y en su abyeccion. El *Pensador* es un apóstol del pueblo, y por eso éste le ama todavía con ternura, y venera su memoria como la memoria de un amigo querido.

"La moralidad es intachable, y era con el acento de la verdad y de la virtud, con el que moralizaba y consolaba á los desgraciados, y condenaba á los criminales. Aquella obra debia atraerle atroces persecuciones; y en efecto, el fanatismo religioso le lanzó sus anatemas, y la tiranía política le hizo sentar en el banquillo del acusado. Sufrió mucho, comió el pan del pueblo, regado con las lágrimas de la miseria, y bajó á la tumba oscurecido y pobre; pero con la auréola santa de

los mártires de la libertad y del progreso, y con la concien-
cia de los que han cumplido con una mision bendita sobre la
tierra."

Hé aquí cómo se expresa el Sr. Prieto:

"*El Periquillo Sarniento* es la obra más popular y más tras-
cendental de las que produjo la docta pluma del *Pensador*, y
por consiguiente la más digna de nuestra atencion. Con ésta,
como con otras obras de Lizardi, se ha ensañado la crítica, el
odio ha tomado todas las formas, desde la religiosa hasta la
literaria, y el partido retrógrado no puede reprimir su indig-
nacion cuando se levanta ese libro como bandera victoriosa,
habiendo trabajado tanto por que se considerase harapo despreciable. *El Periquillo*, imitado del *Gil Blas*, ó con reminis-
cencias del pícaro *Guzman de Alfarache*, ó del *Lazarillo de
Tormes*, es un gran libro para México; es una atrevida per-
sonificacion de nuestra sociedad en aquella época; es un sagaz pretexto para perseguir la maldad, la ignorancia y los
abusos, desde la cuna del niño hasta el sepulcro del anciano;
es un conjunto animado, palpable y militante, en que se ins-
pira la libertad, se ama la virtud y se alumbran los abusos del
crímen; es el libro-anatema contra los vicios de la colonia, y
la justificacion más fundada y más elocuente de nuestra Independencia. Es el primer libro en cuanto á la intencion social, y la aplicacion de los remedios más eficaces á nuestros
envejecidos males.

"Pero el rencor de los traidores enemigos de la Independencia, que hasta hoy nos infestan, señala en esa obra la poca
pulcritud del lenguaje, las escenas picarescas que representa
la concurrencia de tahures, de ladrones, etc.

"¿Por qué no han citado una vez esos críticos las dulcísi-
mas palabras del maestro de escuela, los consejos al novicio
sobre la vocacion del sacerdocio, y otros mil tipos de santi-
dad, de veneracion y de elegancia? ¿Quién no recuerda la
bondad del Coronel á quien sirvió *Periquillo* en Manila?

¿Quién no ama al negro que se bate en duelo en aquel mismo lugar?·¿Cómo no aborrecer la ingratitud en Anselmo? ¿Quién no se conmueve con la caridad del dueño del meson de Tlalpam? ¿Y el médico supuesto apedreado en Tula? ¿Y los esbirros judiciales? Pero sobre todo...... las gracias de algunos *padrecitos*, formando contraste con la virtud severa y la alta ciencia de otros? ¿Quién no admira el diálogo de la madre de *Periquillo*, y su apología elocuentísima del trabajo y de la vida honrada?

"Y tan poderoso era el cincel del *Pensador* para formar sus tipos, que hoy mismo tienen aplicacion aquellas doctrinas, y hoy hay Prietos y Bundiburis que se creerian infamados con ser herreros ó pintores."

2.—"LA QUIJOTITA Y SU PRIMA."

2ª Edicion.—LA QUIJOTITA ‖ Y ‖ SU PRIMA. ‖ Historia muy cierta ‖ con apariencias de novela. ‖ Escrita ‖ Por El Pensador Mexicano. ‖ Segunda Ediccion (*sic*) ‖ México: 1831. ‖ Imprenta de Altamirano, á cargo de Daniel ‖ Barquera, calle de las Escalerillas núm. 11.

Cuatro volúmenes en 8º, conteniendo el *Tomo I*, diez páginas preliminares, sin foliatura; 237 de texto, y una de Indice; el *Tomo II*, 259 y dos de Indice; el *Tomo III*, 241 y dos de Indice; y el *Tomo IV*, 267 y tres de Indice, estando este volúmen impreso en 1882. Esta edicion contiene grabados en cobre tirados con tinta azul.

3ª Edicion.—Debe haberse hecho por los años de 1831 á 1833: no la conocemos.

4ª Edicioa.—LA EDUCACION || de || Las Mugeres, || ó || La Quijotita y su prima. || Historia muy cierta || con apariencias de novela, || escrita || Por el Pensador Mexicano. || Cuarta Edicion. || México. || Librería de Recio y Altamirano, || Portal de Mercaderes núm. 7. || 1842.—A la vuelta de esta carátula se lee: Propiedad del Editor || Imprenta de Vicente García Torres, || calle del Espíritu Santo número 2.

Un volúmen en 8º grande, de 520 páginas, y 5 de Indice, con 20 láminas litográficas.

———

5ª Edicion.—LA EDUCACION || de || Las Mujeres, || ó la || Quijotita y su prima. || Historia muy cierta || con apariencias de novela, || escrita || Por El Pensador Mexicano. || Quinta Edicion. || M. Murguía y Comp., Editores. || México. || Imprenta de los Editores, Portal del Aguila de Oro. || 1853.

Dos volúmenes en 16º, conteniendo el tomo primero IX páginas *Prólogo*, y 404 texto, más dos de Indice, y el tomo segundo 339 páginas. La obra viene acompañada de más de veinte láminas litografiadas.

———

Estas son las ediciones que conocemos de *La Quijotita*. De la primera edicion sólo se publicaron los dos primeros volúmenes, pues su autor, por falta de recursos, no pudo imprimir los restantes.

Por lo que respecta al mérito de *La Quijotita*, vamos á reproducir á continuacion el juicio que de ella formamos en *El Liceo Mexicano*, Tomo I, página 67. Hé aquí la parte que conviene á nuestro objeto:

"Tengo para mí que la *Quijotita* es una novela que participa de un carácter didáctico y de un carácter filosófico. Participa de lo primero, porque enseña los principios más útiles y necesarios para la buena educacion de la mujer, y participa de lo segundo porque contiene bellas y profundas reflexiones sobre las tendencias del sexo femenino. La *Quijotita* es, por lo tanto, una novela didáctico–filosófica, que al mismo tiempo que enseña, hace pensar y reflexionar sobre los hechos en ella narrados.

"La forma peca algunas veces de poco conveniente, debido esto á ciertas circunstancias que no es del caso referir: pero en cambio no es una obra inmoral en el fondo. Por medio de una antítesis, enseña los frutos que produce una buena educacion y las funestas consecuencias de una mala. Tenemos el ejemplo en las principales heroinas de la novela, Pudenciana y Pomposita. La primera, hija de un hombre virtuoso y de saber, y de una dama modesta y juiciosa, llega á conseguir lo que se llama la felicidad, por medio de los buenos consejos que le dan sus padres. La segunda, por el contrario, hija de un sandio é ignorante, como es el tipo llamado D. Dionisio, y de una mujer tonta y casquivana, como la que se nombra Eufrosina, debido á la mala educacion que le dieron, y acostumbrada á satisfacer sus menores caprichos, muere encenagada en el vicio. La moral es pura; castigadas son las faltas de Pomposita y premiadas las virtudes de su prima Pudenciana. Queda, pues, demostrado que el fondo de la novela es altamente moral.

"Los caracteres de los personajes están bien sostenidos desde el pricipio hasta el fin de la obra. Hay entre ellos unos perfectamente delineados, como el de un hipócrita, en el viejo de la historia que cuenta la *Chata* á Eufrosina y á sus amigos, y el de una fanática, necia é ignorante, en la *beata* que disputa de religion con el coronel.

"Tiene escenas tan chispeantes como graciosas. Citaré, entre otras, aquella en que se reunen los colegiales con el fin de poner sobrenombre á Pomposita, y en la cual, despues de varios debates, el presidente de la *colegialuna asamblea*, á quien le decian *Sanson Carrasco*, propone que se la bautice con el apodo de la *Quijotita*, y se funda en los muchos puntos de contacto que hay entre la hija de Langaruto y el famoso cuanto ingenioso hidalgo de Cervantes. De buena gana copiaria el discurso de *Carrasco*, pues pinta con vivos colores el carácter de una *coqueta* que quiere fundar todo su poder en su belleza, pero temo ser prolijo.

"El fin que se propuso el *Pensador* al escribir su *Quijotita*, segun se descubre desde luego, fué el de tratar de corregir algunas malas costumbres y ciertas preocupaciones de que estaba plagada nuestra sociedad de entónces. ¿Lo consiguió? Creo que en parte, puesto que han desaparecido muchas de esas malas costumbres y algunas de esas preocupaciones que el *Pensador*, con tanto talento como tino, supo ridiculizar.

"El lenguaje usado por el autor de la *Quijotita* es fácil y fluido, y si bien es cierto que no podemos llamarlo enteramente correcto, sí debemos confesar que es netamente mexicano; mérito que no encontramos sino en poquísimos de nuestros escritores.

"Una de las más grandes cualidades de la *Quijotita*, es su pronunciado *color nacional*. Nuestras costumbres están en ella pintadas con exactitud. Nuestros tipos se hallan allí fielmente retratados: hablan con nuestros modismos y los giros propios de nuestro idioma; tienen nuestras virtudes; adolecen de nuestros defectos; piensan como nosotros: en una palabra, conocemos desde luego que son mexicanos los personajes que figuran en las escenas de la *Quijotita*. Es, pues, una obra de un valor inapreciable para nosotros, porque es una obra completamente nacional.

"Así, la *Quijotita* es, por mil títulos, digna de elogios, cualquiera que sea el punto bajo el cual se la considere, y si bien es cierto que adolece de algunos ligerísimos defectos, hijos no fueron de su autor, sino del mal gusto de la época en que se escribió."

3.—"NOCHES TRISTES."

1ª Edicion.—NOCHES TRISTES || por || El Pensador Mexicano || Con superior permiso || México || En la Oficina de D. Mariano de Zúñiga y Ontiveros, calle del Espíritu Santo. || Año de 1818.

Un volúmen en 8º de 112 páginas.

2ª Edicion.—NOCHES TRISTES, || Por || El Pensador Mexicano. || *Cum subit illius tristissima noctis imago.* || *Labitur ex oculis nunc quoque gutta meis.* || Ov. ex trist. lib. I. eleg. III. || Segunda Ediccion || corregida y añadida por su autor. || Con Superior Permiso. || México 1819. || Reimpreso en la oficina de D. Alexandro Valdés, || calle de Santo Domingo y esquina de Tacuba.

Un volúmen en 8º, con estampas, y de unas 265 páginas. (Esta edicion está incluida tambien en el tomo II de los *Ratos Entretenidos.*)

3ª Edicion.—No la conozco.

4ª Edicion. —Las || NOCHES TRISTES, || Por El || Pensador Mexicano. || Cuarta edicion. || Van añadidos á esta obrita, el Dia alegre, las Fábulas, D. || Catrin de la Fachenda y la Muerte y funeral del Gato, || por el mismo autor; y va adornada con estampas finas || y varias viñetas. || México. || Se expenden en la Librería Número 7 || del Portal de Mercaderes. 1843.—En el reverso se lee: Reimpresas por Antonio Diaz. || Calle de las Escalerillas Número 7.

Un volúmen en 8º grande, con VI páginas preliminares, 271 de texto y tres de Indice general.

De todas las novelas que publicó el *Pensador Mexicano*, juzgamos que la de ménos mérito es la intitulada *Noches Tristes,* obra en la que su autor, como él mismo dijo, no se propuso sino imitar las *Noches Lúgubres* de D. José Cadalso. Sin embargo, tiene la cualidad de que en medio de las escenas novelescas, refiere el *Pensador* algunos episodios de su vida.

4.—"DON CATRIN DE LA FACHENDA."

Vida y Hechos || Del Famoso Caballero || D. CATRIN DE LA FACHENDA, || Obra Inédita || del || Pensador Mexicano || Ciudadano || José Joaquin Fernández || de Lizardi. || Méjico: || Imprenta del Ciudadano Alejandro Valdés, || Esquina de Santo Domingo y Tacuba. || 1832.

Un volúmen en 8º, de 154 páginas y tres de Indice sin numeracion.

No conocemos más que esta edicion y la publicada junto con las *Noches Tristes*, el año de 1843.

En cuanto al mérito de esta obrita, que es una censura de los *lagartijos* de su época, como ha dicho muy bien D. Guillermo Prieto, hé aquí el juicio que hace de ella el Sr. Olaguíbel:

"Considerada bajo cierto aspecto esta novela, del género picaresco, pequeña pero bien escrita, ella sola seria bastante para hacer muy apreciable el nombre de su autor."

II

FÁBULAS.

—

1ª Edicion.—FÁBULAS ‖ del ‖ Pensador ‖ Mexicano. ‖ Con superior permiso. ‖ En la Oficina de D. Mariano Ontiveros, calle del Espíritu Santo ‖ Año de 1817.

Un volúmen en 8º menor, de 117 páginas, más cinco de Indice y lista de suscritores. Cada una de las fábulas, que son cuarenta, viene ilustrada con un bonito grabado en cobre. La carátula representa á Esopo, con varios animales. Esta primera edicion es hoy sumamente rara, y nosotros poseemos por fortuna un ejemplar.

———

2ª Edicion.—FÁBULAS ‖ del ‖ Pensador Mexicano ‖ Imprenta de Altamirano, á cargo de Daniel Barquera, Calle de las Escalerillas Núm. 11. Méjico, 1831.

Un volúmen en 8º, con 118 páginas, con el mismo número de láminas que la edicion anterior, pero impresas con tinta azul.

———

3ª Edicion.—No la conocemos.

———

4ª Edicion.—Juntamente con las NOCHES TRISTES se reimprimieron las FÁBULAS el año de 1843, por Antonio Diaz, calle de las Escalerillas núm. 7.

Entendemos que existen algunas otras ediciones que no hemos logrado conseguir. Últimamente se hizo la siguiente:

FÁBULAS ‖ del ‖ Pensador Mexicano ‖ Adoptadas para servir de texto en las ‖ Escuelas Municipales de la Capital y la mayor ‖ parte de los Estados. ‖ Nueva Edicion ‖ México. ‖ Imprenta "La Luz," Puente de Santo Domingo número 3. ‖ 1886.

Un volúmen en 8º, sin láminas, de 86 páginas, incluso el Indice.

El *Pensador* fué uno de los primeros que cultivaron la fábula en México. El Sr. Pimentel lo juzga como el mejor fabulista de los últimos años del siglo pasado, y de los primeros del presente. El Sr. Altamirano elogia las fábulas del *Pensador* por su novedad y originalidad; pero asegura que algunas carecen de concision é ingenio, y que están salpicadas de "locuciones de una vulgaridad innecesaria." Lo que sí podemos asegurar nosotros, es que las mencionadas fábulas han adquirido una gran popularidad, al grado que de la segunda edicion hubo que reimprimir el volúmen que las contenia, y que hasta hace poco (1886) se han seguido editando de nuevo, y se han adoptado de texto en las escuelas. Sean los que fueren los defectos de que adolezcan en la forma, y que nosotros disculpamos en el *Pensador*, pues fueron defectos propios de él en todas sus obras, tienen el mérito indisputable de su pronunciado color local, en el fondo como en la forma, pues ésta abunda de nuestros modismos y giros provinciales, y aquel adquirió gran novedad, porque el autor introdujo en sus apólogos, animales autóctonos de nuestro suelo, y explotó asuntos nacionales.

III

PIEZAS DRAMÁTICAS

Y PASTORELAS.

— —   ·

1.—PASTORELA EN DOS ACTOS, POR J. F. L.

Un cuaderno de 24 páginas, en 4? comun, sin fecha ni lugar de impresion. De esta pastorela, que ha sido muy popular en toda la República, se han hecho muchas ediciones.

———

2.—EL UNIPERSONAL ‖ DE DON AGUSTIN DE ITURBIDE, ‖ EMPERADOR DE MÉXICO. ‖ México: 1823. ‖ *Imprenta de D. Mariano Ontiveros.*

Un cuaderno en 4? comun, con 16 págs.

El Unipersonal de Iturbide es un monólogo en verso endecasílabo, en el cual el que fué emperador de México aparece solo, poco ántes de partir para Europa, y entónces hace sérias reflexiones sobre los errores políticos que cometió, y se queja amargamente de los aduladores.

———

3.—EL NEGRO SENSIBLE. ‖ Primera y segunda parte. ‖ Hecha la última ‖ Por El Pensador Mexicano. ‖ México: 1825. ‖ Oficina del finado Ontiveros.

Un tomito en 8? con 64 páginas, y una lámina al principio.

Ignoramos quién haya sido el autor de este *Melodrama,* que

está escrito en verso, y consta de dos actos, de los cuales el segundo compuso el *Pensador*.

———

4.—AUTO MARIANO ‖ Para recordar ‖ La Milagrosa Aparicion ‖ de Nuestra Madre y Señora de Guadalupe. ‖ Dispuesto ‖ Por El Pensador Mexicano ‖ D. J. F. de L. ‖ Mexico ‖ Imprenta de J. M. Lara, calle de la Palma núm. 4. ‖ 1842.

Un tomito en 8? con 48 páginas.

No conocemos la primera edicion de esta pieza, que está escrita en un acto y en verso.

IV

CALENDARIOS.

—

1.—Pronóstico ‖ Curioso ‖ En el que se miente alegremen ‖ te á costa de las nubes y de la ‖ atmósfera; pero se habla la ver ‖ dad en otras cosas, como verá el ‖ que lo comprare. ‖ Dispuesto ‖ Por D. J. F. L. ‖ Para el año bisexto (*sic*) del Señor ‖ de 1816. ‖ *Con las licencias necesarias.* ‖ En México: en la Oficina de Doña María ‖ Fernández de Jáuregui.

En 8º, con 28 páginas.

—

2.—Calendario Histórico y Político. ‖ Por el Pensador Mexicano. ‖ Para el año bisiesto de 1824. ‖ Se hallará en la oficina donde se imprime, que es en la del autor.

En 8º, con 15 hojas sin foliatura. Este calendario es curioso y muy raro hoy dia. Contiene doce bellas láminas en cobre, que representan á los principales héroes de nuestra Independencia, y son Hidalgo, Allende, Morelos, Galeana, Matamoros, Bravo, Guerrero, Victoria, Mina, Encarnacion Ortiz, Iturbide y Santa-Anna. Además de las doce láminas expresadas, viene otra al frente del calendario, como carátula, la cual representa las armas nacionales. Preceden tambien al calendario unas *Notas Cronológicas* y unas *Notas Históricas Mexicanas.*

———

3.—Calendario Histórico ‖ y ‖ Pronóstico Político ‖ Por El Pensador Mexicano ‖ Para el año del Señor ‖ de 1825. ‖ Oficina de D. Mariano Ontiveros.

En 8º, con unas 15 hojas sin numeracion, y contiene exactamente las mismas láminas que el anterior, representando idénticos asuntos.

———

4.—Calendario ‖ Para el año de 1825 ‖ Dedicado ‖ A las Señoritas Americanas. ‖ Especialmente á las Patriotas. ‖ Por El Pensador Mexicano. ‖ Oficina de D. Mariano Ontiveros.

Edicion, pequeñísima, sin numeracion en las páginas. Este calendario, lo mismo que los dos anteriores, es muy raro hoy dia. Contiene biografías pequeñas de las principales heroinas de nuestra Independencia, y se halla ilustrado con láminas en cobre, aunque imperfectamente grabadas, las cuales representan escenas de las vidas de las patriotas damas cuyos hechos gloriosos relata en el texto el *Pensador.*

———

V

PERIÓDICOS Y MISCELÁNEAS.

—

1.—EL PENSADOR MEXICANO ‖ J. F. de L. ‖ Sobre diversas materias. ‖ Neque enim notare singulos meus est mihi; verum ipsam vitam et mores hominum ostendere..... ‖ Ergo hinc abesto Livor, ne frusta gemas. ‖ Traduccion Libre. ‖ No es mi intencion señalar en particular á ninguno; sino sólo manifestar los vicios y ridiculeces de los hombres. Véte pues de aquí, envidia, no ladre tu malicia sin motivo. ‖ *Fedro, en el Prólogo del libro III de sus Fábulas.* ‖ Imprenta de Doña María Fernández de Jáuregui. ‖ Año de 1812.

Consta este primer volúmen de 13 números, de 118 páginas, en 4.º comun, y termina con el soneto que copiamos á continuacion:

"Aquí, pluma, te cuelgo de esta estaca;
Apago á mi candil el triste moco;
Derramo mi tintero poco á poco,
Y la arenilla viértola en la cloaca.

Trueco mis cuatro libros por chancaca,
Porque de nada sirven á un motroco,
Que si á un *Quijote* saben volver loco,
A un pobre *Pensador* harán matraca.

No soy demente, no; cargue otro el saco
Miéntras á sacristan yo me dedico;
Ya probé de mi espíritu lo flaco,

Y no quiero preciarme de borrico;
Y pues para escritor no valgo tlaco,
Sacristan he de ser, y callo el pico.

JOAQUIN FERNÁNDEZ DE LIZARDI."

Continuacion ‖ Al ‖ Pensador Mexicano ‖ P. D. J. de L.
‖ *No estén ociosas vuestras plumas, quando la* ‖ *opinion extravia-
da necesita ilustrarse y cor* ‖ *regirse*..... ‖ *Las pasiones y los intereses parciales de* ‖ *ben ahogarse quando se escriba al público;
so* ‖ *lo la verdad y la razon han de ser estampa* ‖ *das entónces por
la mano del sabio.* ‖ Proclama del Virey de 26 de Marzo ‖ de
1813. ‖ Con las licencias necesarias. México, en la imprenta
de ‖ Jáuregui. ‖ Año de 1813.

Consta este segundo volúmen de 18 números con 170 páginas, en 4? comun, y de 17 suplementos con 117 páginas
tambien en 4?, y cuatro de Erratas, Indice y Notas.

———

El Pensador Mexicano ‖ Por ‖ D. J. F. de L. ‖ Tomo
III ‖ Con las licencias necesarias. ‖ En la imprenta de Doña
María Fernández de Jáuregui. ‖ Año de 1814.

Consta este tercero y último tomo, de 14 números y de 129
páginas, en 4?, y de varios suplementos con 64 páginas, tambien en 4? El número 13 contiene un grabadito bastante curioso, que sirve de ilustracion á un artículo sobre el dia de
finados. El número 14, con que se terminan el volúmen y el
periódico, contiene un buen artículo, en el que fingiendo su
autor un diálogo entre un caballo y un toro, ántes de una co-
rrida, censura acremente la bárbara costumbre de las lides
de toros.

———

2.—Pensamientos Extraordinarios. ‖ México, en la Imprenta de Doña María Fernández de Jáuregui, año de 1812.

Publicacion periódica que consta de 5 números con 26 páginas en 4?

———

3.—Alacena de Frioleras. ‖ 1815. ‖ Imprenta de Doña
María Fernándaz de Jáuregui.

Un volúmen en 4?

———

4.—Ratos Entretenidos ‖ ó ‖ Miscelánea útil ‖ y cu-
riosa. ‖ Compuesta de Varias Piezas ya Impresas. ‖ Dála á
luz ‖ D. J. J. F. de L. ‖ México 1819. ‖ Reimpreso en la
oficina de D. Alexandro Val ‖ dés, calle de Santo Domingo
y esquina de Tacuba.

Dos volúmenes en 8? menor, conteniendo el *Tomo I*, 297
páginas, y el *Tomo II*, 270.

———

5.—El Conductor Eléctrico ‖ Por el ‖ Pensador Mejicano ‖ D. J. J. F. de L. ‖ *Salus Populus suprema lex esto.* Cic.
‖ El principal objeto de la ley debe ser el bien público. ‖ Méjico: Año de 1820. ‖ *Primero de la restauracion de la Constitucion, y por lo mismo el más feliz para la Monarquía Española.*

Consta este periódico de 24 números con 208 páginas en 4?
comun.

———

6.—"El Hermano del Perico *que cantaba la victoria.* ‖ Pe-
"*riódico político, moral.* México, 1828. Este periódico fué de-
"dicado casi en su totalidad, á demostrar las ventajas de la
"República Federal, sobre la central y otro cualquiera siste-
"ma de gobierno. Supone el Pensador varios diálogos entre
"él y un perico pitagórico, cuyo espíritu habia tenido varias
"existencias." [1]

———

7.—Conversaciones ‖ Del Payo y El Sacristan, ‖ En que
se tratan ‖ asuntos muy interesantes ‖ á la pública ilustracion. ‖ Por el Pensador Mexicano. ‖ México: 1824. ‖ Oficina de D. Mariano Ontiveros.

Dos volúmenes en 4º, de más de 200 páginas cada uno. Esta
publicación está escrita en Conversaciones que salian periódi-
camente, teniendo cada una paginacion separada.

Las *Conversaciones del Payo y Sacristan* son apreciabilísimas

1 Hombres ilustres mexicanos.—Tomo III, página 224.—Biografía
de D. José Joaquin Fernández de Lizardi, por D. Manuel de Olaguíbel.

por mil motivos. Su autor dió á conocer en esta obra las ideas avanzadas que profesaba. Allí encontrará el lector casi todos los principios proclamados en tiempo de la Reforma, entre los que mencionarémos la tolerancia de cultos.

"En *El Payo y el Sacristan*—dice el Sr. Prieto—forja el Pensador una constitucion quimérica, que si bien llena de defectos, juzgada con los conocimientos de hoy, se ven en ella consignados la soberanía del pueblo, la division de poderes; en una palabra, los sagrados derechos del hombre. Y al glosarla dice, que lo importante es el aseguramiento de esos derechos, con razones que no hubiera desdeñado Kant ni los partidarios del *Self government.*

"Las formas son accidentes, porque sin aquellos derechos, "lo mismo es que me *muerda perro ó perra*," decia, y su frasismo grosero y anti-literario, era el conveniente, el que entendia el pueblo á quien se queria dirigir, aunque bufara la gramática y torciera el gesto la retórica.

"Es curioso el artículo 87 de esa Constitucion; dice así:

"Quedan obligados los curas á enseñar al pueblo, en las pláticas de los domingos, las verdades siguientes: Primera. Que todo hombre es libre por naturaleza, para hacer lo que quiera, bueno ó malo; segunda, que para que no abusen de esta libertad unos contra otros, se han sujetado á las autoridades civiles, que tienen obligacion de defender al débil del fuerte; tercera, que de esta sujecion resulta la verdadera libertad, que consiste en poder hacer el bien y temer hacer el mal, por el castigo que previenen las leyes; cuarta, que segun estas verdades, somos libres é independientes; deben serlo nuestros hijos, nuestros nietos, toda nuestra posteridad, y tenemos un derecho natural y divino para no dejarnos dominar por ninguna nacion extranjera, y una obligacion precisa de defender con las armas esta libertad de la patria, contra cualquier invasor que quiera subyugarla; quinta, que conforme al Evangelio, debemos considerarnos hermanos y paisanos de todos los hombres del mundo; de consiguiente, no debemos

altercar, aborrecer ni reñir con nadie por sus opiniones religiosas, pues tal intolerantismo prueba en los que lo tienen,
demasiado orgullo, mucha ignorancia y ninguna inteligencia
de la misma religion de que se jactan defensores; sexta y última, enseñarán á los pueblos que sujetarse á las leyes y tener buenas costumbres, es conveniencia propia, pues la virtud
trae consigo el premio, y el vicio el castigo aun en esta vida,
y que el verdadero hombre de bien es el que obra la virtud,
porque es virtuoso por ser benéfico á sus semejantes, por no
ser gravoso á la sociedad á que pertenece, y por el placer y
tranquilidad que siente su espíritu cuando le dice: HOY NO
HAS HECHO MAL A NADIE, Y SÍ HAS HECHO TAL Ó CUAL BENEFICIO
Á UN SEMEJANTE TUYO; DE CONSIGUIENTE, HAS CUMPLIDO CON
LOS DEBERES QUE TE IMPONEN DIOS, LA NATURALEZA Y LA SO-
CIEDAD."

"Bien conozco que esta Constitucion no puede resistir á un
análisis, conforme á los preceptos de la ciencia; pero si se
le estudia imparcialmente, se verán tendencias salvadoras y
ahinco por acudir á las necesidades peculiares de nuestro
pueblo."

.

VI

FOLLETOS.

——

AÑO DE 1820.

1.—LA CATÁSTROFE DE CÁDIZ, por El Pensador Mexicano.
—México, Julio 14 de 1820.—J. J. F. de L.—México: 1820.
—Imprenta de Ontiveros.—8 páginas en 4? (*)[1]

——

2.—SOCIEDAD PÚBLICA DE LECTURA, por El Pensador Mexicano.—México julio 22 de 820.—J. F. L.—México: 1820.—
En la Oficina de D. Juan Bautista de Arizpe.—4 páginas en
4? (*)

——

3.—REPIQUE BRUSCO AL CAMPANERO, por El Pensador Mexicano.—México, 14 de Setiembre de 1820.—J. F. L.—México: 1820.—Oficina de D. Juan Bautista de Arizpe.—8 páginas en 4? (*)

——

4.—ROCIADA DEL PENSADOR Á SUS DÉBILES RIVALES.—El
amigo de mis rivales.—El Pensador Mexicano.—Puebla y

———

1 Los folletos que llevan este signo (*) existen en mi poder, y los restantes en el del Sr. Barquera, y en la Biblioteca de la "Sociedad Mexicana de Geografía y Estadística."—L. G. O.

Octubre 5 de 1820. Oficina del Gobierno.—10 páginas en folio. (*)

5.—JUSTA DEFENSA DEL EXCMO. SR. VIREY DE N. E. Por El Pensador Mexicano.—México, Octubre 6 de 1820.—J. Joaquin Fernández de Lizardi.—México: 1820.—En la oficina de D. Juan Bautista Arizpe.—4 páginas en 4? (*)

6.—RAZONES CONTRA INSOLENCIAS, Ó RESPUESTA DEL PENSADOR AL P. SOTO.—México, 28 de Noviembre de 1820.—José Joaquin Fernández de Lizardi.—México: 1820.—Oficina de D. J. M. Benavente y Socios.—8 páginas en 4? (*)

7.—LA PALINODIA DEL PENSADOR.—J. F. L.—México: 1820.—Imprenta de Ontiveros.—8 páginas en 4? (*)

8.—DEFENSA DEL PENSADOR Y EPÍSTOLA AL P. SOTO.—J. F. L.—México: 1820.—Oficina de D. J. M. Benavente y Socios. —8 páginas en 4? (*)

9.—AUN HA QUEDADO Á LAS ZORRAS, EL RABO POR DESOLLAR. —P. J. F. L.—México: 1820.—Oficina de D. J. M. Benavente y Socios.—8 páginas en 4? (*)

10.—QUIEN LLAMA AL TORO, SUFRA LA CORNADA, por El Pensador Mexicano, ó sea contestacion al indecente papelucho: *Piénsalo bien.*—El Pensador.—Impreso en México, oficina de Ontiveros, año de 1820.—7 páginas en 4? (*)

11.—RESPUESTA DEL PENSADOR Á LA CÓMICA ¡CONSTITUCIONAL.—J. F. L.—México: 1820.—Imprenta de Ontiveros, calle del Espíritu Santo, año de 1820.—8 páginas en 4? (*)

12.—PRIMER CUARTAZO AL FERNANDINO, por El Pensador Mexicano.—J. F. L.—Impreso en la Oficina de D. Mariano

Ontiveros, calle del Espíritu Santo, año de 1820.—8 páginas en 4º (*)

13.—Segundo cuartazo al Fernandino constitucional, ó anatomía de su cadáver.—Mason Sageli Jerez.—Impreso en la Oficina de D. Mariano Ontiveros, calle del Espíritu Santo, año de 1820. (*)

14.—Pescozon del Pensador al ciudadano censor.—J. F. L.—México: Oficina de D. Mariano Ontiveros, calle del Espíritu Santo, año de 1820.—8 páginas en 4º (*)

15.—Respuestillas sueltas del Pensador Mexicano.— Juan de buena alma.—Impreso en la oficina de D. Alejandro Valdés, año de 1820.—4 páginas en 4º (*)

16.—Pasaportes y caballos. Respuesta del Pensador á quien pregunta sobre esto.—El Pensador.—México: Oficina de D. Mariano Ontiveros, calle del Espíritu Santo, año de 1820.—8 páginas en 4º (*)

17.—No rebuznó con más tino el pobre alcalde argelino.—P. J. F. L.—México: Imprenta de D. Mariano Ontiveros, año de 1820.—16 páginas en 4º (*)

18.—Dar que vienen dando. O respuesta á lo que estampó el Observador en el suplemento al *Noticioso* núm. 751.— J. F. L.—México: oficina de Ontiveros, año de 1820.—12 páginas en 4º (*)

Año de 1821.

19.—Reflecciones interesantes sobre la carta que se dice dirigida por N. S. S. P. El Señor Pio VII, al Señor D. Fernando VII. Con fecha 15 de Setiembre de 1820.—Por El

Pensador Mexicano.—México, 23 de Febrero de 1821.—Joaquin Fernández de Lizardi.—México: 1821.—Oficina de D. J. M. Benavente y Socios.—12 páginas en 4?

20.—CHAMORRO Y DOMINIQUIN. Diálogo joco-serio sobre la Independencia de América. P. J. J. Fernández de Lizardi.—México marzo 1? de 1821.—México: oficina de D. J. M. Benavente y Socios.—24 páginas en 4? (*)

21.—DEFENSA. Que el Pensador Mexicano presentó á la Junta de censura de esta Capital, sobre sus papeles titulados el primero *Chamorro y Dominiquin*, y el segundo: *Contestacion á la carta que se dice dirigida á él por el Coronel D. Agustin Iturbide*: los que calificó de sediciosos la expresada Junta.—José Joaquin Fernández de Lizardi.—México: 1821.—Imprenta de D. Mariano Ontiveros.—12 páginas en 4?

22.—CONTESTACION DEL PENSADOR á la carta que se dice dirigida á él por el coronel Don Agustin Iturbide.—México, Marzo 7 de 1821.—J. F. L.—México: 1821.—Oficina de J. M. Benavente y Socios.—8 páginas en 4? (*)

23.—TENTATIVA DEL PENSADOR en favor del canónigo San-Martin, y carta al Pensador Tapatío.—J. F. L.—México: 1821. Oficina de D. J. M. Benavente y Socios.—8 páginas en 4? (*)

24.—PRIMER BOMBAZO por El Pensador al Dr. J. E. Fernández.—J. F. L.—México: 1821.—Imprenta de D. Celestino de la Torre.—8 páginas en 4? (*)

25.—PAPELES CONTRA SERMONES por el Pensador Mexicano.—Joaquin Fernández de Lizardi.—México: 1821. Oficina de D. J. M. Benavente y Socios.—12 páginas en 4? (*)

26.—QUIEN MAL PLEITO TIENE Á VOCES LO METE. Por el Pensador Mexicano.—Joaquin Fernández de Lizardi.—México: 1821.—Oficina de D. J. M. Benavente y Socios.—12 páginas en 4? (*)

27.—PÉSAME que el Pensador Mexicano da al Excelentísimo Señor Generalísimo de las armas de América D. Agustin Iturbide, en la muerte del *Excmo. Sr. D. Juan de O'Donojú*, etc.—Joaquin Fernández de Lizardi.—Imprenta Imperial de D. Alejandro Valdés, año de 1821. Primero de la Independencia.—7 páginas en 4? (*)

28.—EL PENSADOR MEXICANO, al Excmo. Señor General del Ejército Imperial Americano, D. Agustin de Iturbide.—José Joaquin Fernández de Lizardi.—México septiembre 29 de 1821, primero de nuestra libertad.—México: 1821.—Imprenta Imperial, calle de Santo Domingo.—12 págs. en 4? (*)

29.—PROYECTO SOBRE LIBERTAD DE IMPRENTA. Por El Pensador Mexicano.—México: 1821.—Imprenta de los ciudadanos militares D. Joaquin y D. Bernardo de Miramon.—12 páginas en 4? (*)

80.—LAS TERTULIAS DE LOS MUERTOS ANTIGUOS Y MODERNOS. Por El Pensador Mexicano.—México: 1821.—En la Imprenta de D. Celestino de la Torre.—12 páginas en 4? (*)

81.—IDEAS POLÍTICO-LIBERALES, por El Pensador Mexicano. *Nihil factum si aliquid super est agendum*. Nada se ha hecho si falta algo que hacer.—En la Imprenta Imperial.—Año de 1821, primero de nuestra Independencia.—12 págs. en 4? (*)

82.—CINCUENTA PREGUNTAS DEL PENSADOR Á QUIEN QUIERA RESPONDERLAS.—México, Noviembre 18 de 1821.—Joaquin

Fernández de Lizardi.—Imprenta Imperial de D. Alejandro
Valdés.—8 páginas en 4º

33.—LAS ESPERANZAS DE D. ANTONIO SIEMPRE EL MISMO, ó
sea diálogo entre el autor y D. Antonio.—México: 1821.
Primero de la Independencia.—Imprenta. (contraria al despotismo) de D. J. M. Benavente y Socios.—4 páginas en 4º

34.— DEFENSA DE LA LIBERTAD DE IMPRENTA. México, Diciembre 6 de 1821. Primero de nuestra Libertad.—El Pensador.—México: 1821.—Imprenta (contraria al despotismo)
de D. J. M. Benavente y Socios.—4 páginas en 4º

35.—EL PENSADOR MEXICANO á los españoles preocupados
contra la justicia de nuestra causa, y á los Americanos egois-
tas y traidores á la Patria.—José Joaquin Fernández de Lizardi.—Tepotzotlan. Agosto 4 de 1821.—4 páginas en 4º

AÑO DE 1822.

36.—VÁLGAME DIOS QUÉ DE COSAS, ETC.—El Pensador.—
México, Enero 25 de 1822.—Segundo de la Independencia.
—Imprenta (contraria al despotismo) de D. J. M. Benaven-
te.—8 páginas en 4º

37.—REFLECCIONES IMPORTANTES por El Pensador Mexicano. Sobre los bandos del Supremo Gobierno, de 17 de Diciembre y 21 de Enero.—México, Enero 26 de 1822.—J. F.
L.—México: 1822.—Imprenta Americana de D. José María
Betancourt, calle de San José el Real núm. 2.—4 págs. en 4º

38.—DEFENSA DE LOS FRANCMASONES, por el Pensador Mexicano, ó sea, Observaciones críticas sobre la bula del Sr. Clemente XII y Benedicto XIV contra los Francmasones, dada
la primera á 28 de Abril de 1738, la segunda en 18 de Mayo

de 1751, y publicadas en esta capital en el presente de 1822.
—Febrero 18 de 1822.—Joaquin Fernández Lizardi.—México: 1822.—Imprenta de D. José María Betancourt, calle de
San José el Real núm. 2.—Este folleto, que consta de 8 páginas en 4º, fué el que motivó la excomunion del Pensador ó
más bien dicho el que sirvió de pretexto.

89.—Exposicion del Ciudadano Don José Joaquin Fernández de Lizardi. Leida en el Supremo Congreso de Córtes, el dia 7 de Marzo del presente año. En la que reclama
su proteccion contra la pública censura fulminada por el Sr.
Provisor de este arzobispado Dr. D. Félix Florez Alatorre,
por su papel titulado: *Defensa de los Francmasones.*—México:
1822.—Impreso en la oficina, contraria al despotismo, de D.
J. M. Benavente y socios.—Este folleto consta de 48 páginas
en 4º, y fué el primer ocurso que presentó su autor al Congreso, al que siguieron otros cuatro. (*)

40.—Demostracion, de la justicia del Pensador Mexicano,
en el ocurso tercero que dirigió al Soberano Congreso, el 28
de Marzo de 1822, alegando una reciente ejecutoria, sobre
que el conocimiento, del delito de masonería, no pertenece á
la jurisdiccion Ecca. sino esclusivamente á la civil.—Impreso en la oficina de Betancourt.—11 páginas en 4º

41.—Segunda defensa—de los—Fracmasones.—Por El
Pensador—Mejicano.—Su Precio Tres Reales.—Méjico 1822.
—Imprenta del Autor.—28 páginas en 4º (*)
En este folleto reproduce el *Pensador* su primera defensa
de los francmasones.

42.—Antorcha del Soberano Congreso y moldes de las
leyes.—México, 20 de Abril de 1822.—J. F. L.—Oficina de
Betancourt.—4 páginas en 4º

43.—VALE REAL Y MEDIO—Carta Primera del Pensador al Papista.—Joaquin Fernández de Lizardi.—México: 1822.—Oficina de Betancourt.—16 páginas en 4? (*)

44.—VALE REAL Y MEDIO—Carta Segunda del Pensador al Papista.—México 3 de Mayo de 1822. S. C.—Joaquin Fernández de Lizardi.—Oficina de Betancourt.—16 páginas en 4? (*)

45.—VALE UN REAL Y MEDIO.—Carta Tercera del Pensador al Papista.—México, Mayo 10 de 1822.—Joaquin Fernández de Lizardi.—Oficina de Betancourt.—16 páginas en 4? (*)

46.— CARTA CUARTA del Pensador al Papista y Quinto Ocurso al Soberano Congreso.—México, Agosto 14 de 1822. —Joaquin Fernández de Lizardi.—México: 1822.—Oficina del Autor.—19 páginas en 4? (*)

47.—ORACION DE LOS CRIOLLOS HECHA POR UN GACHUPIN.— El Pensador Mexicano.—México, Julio 17 de 1822.—Oficina de Betancourt.—12 páginas en 4?

48.—VIDA Y ENTIERRO DE D. PENDON. Por su amigo El Pensador.—México: 12 de Agosto de 1822. Segundo de nuestra libertad.—J. Fernández de Lizardi.—Oficina de D. José María Ramos Palomero.—7 páginas en 4?

49.—ALERTA MEXICANOS NO NOS PERDAMOS.—Julio 19 de 1822.—El Pensador.—México: 1822.—Imprenta de D. J. M. Benavente y Socios.—4 páginas en 4?

50.—SATISFACCION DEL PENSADOR AL SOBERANO CONGRESO. —México Agosto 19 de 1822.—Joaquin Fernández de Lizardi.—México: 1822. Oficina del Autor.—4 págs. en 4? (*)

51.—DEFENSA DE LOS DIPUTADOS PRESOS, y demas presos que no son diputados. En especial del Padre Mier.—México Septiembre 27 de 1822.—El Pensador.—Imprenta del autor. —7 páginas en 4?

52.—CHAMORRO Y DOMINIQUIN. Diálogo sobre la coronacion del Emperador de México. Por el Pensador.—México: Año de 1822.—Oficina de Betancourt.—8 páginas en 4?

53.—TAMBIEN EN EL SOL HAY MANCHAS.—Mayo 12 de 1822. —Joaquin Fernández de Lizardi.—Imprenta de Betancourt. —12 páginas en 4?

54.—EL SUEÑO DEL PENSADOR NO VAYA Á SALIR VERDAD. Dedicado al Soberano Congreso de Córtes.—México: 1822. —Oficina de Betancourt.—16 páginas en 4?

55.—SEGUNDO SUEÑO DEL PENSADOR MEXICANO.—México: año de 1822.—Oficina de Betancourt.—24 páginas en 4?

56.—CONCLUYE EL SUEÑO DEL PENSADOR MEXICANO.—México: año de 1822.—Oficina de Betancourt.—32 págs. en 4?

57.—LA NUEVA TONADA DEL TRAGALA, TRÁGALA, por El Pensador Mexicano.—México: 1822.—Impreso en la Oficina de Doña Herculana Villar y Socios.—4 páginas en 4?, escritas en verso.

58.—EL CUCHARERO POLÍTICO EN ARGUMENTOS CON CHEPE. —El Pensador.—México: 1822.—Imprenta del Autor.—8 páginas en 4?

59.—QUE VA QUE NOS LLEVA EL DIABLO CON LOS NUEVOS DIPUTADOS.—México: 1822.—Imprenta Americana de D. José

María Betancourt, calle de San José el Real núm. 2.—8 páginas en 4º

60.—SI EL GATO SACA LAS UÑAS SE DESPRENDE EL CASCABEL.—Joaquin Fernández de Lizardi.—México: 1822.—Imprenta de Doña Herculana del Villar y Socios.—7 págs. en 4º (*)

61.—DEFENSA DEL PENSADOR DIRIGIDA AL PROVISOR.—México: 1822.—No conocemos este folleto, pero de él dice el Sr. Olaguíbel, que "es una carta muy bien escrita, digna, levantada."

62.—YA SALTA EL GATO Y AUN NO LE ANDA POR DEBAJO DE LA |COLA.—Por El Pensador Mexicano.—México, 14 de Setiembre de 1822.—Impreso en México en la imprenta de D. Mariano Fernández de Lara, y reimpreso en Guadalajara en la imperial de D. Mariano Rodriguez.—4 págs. en 8º (*)

63.—UNIPERSONAL DEL ARCABUCEADO DE HOY 26 de Octubre de 1822.—El Pensador.—Imprenta del Autor.—4 páginas en 4º y en verso (*)

AÑO DE 1823.

64.—TRISTES LAMENTOS DEL CABALLITO DE LA PLAZA DE ARMAS, dirigidos al Supremo Gobierno de México.—México: 1823.—Imprenta del Ciudadano Lizardi.—4 págs. en 4º

65.—REPRESENTACION DEL PENSADOR AL SOBERANO CONGRESO, suplicándole quite á la libertad de imprenta la traba que le ha puesto el Sr. Molinos del Campo.—Mexico: 1823.—Imprenta de D. Mariano de Zúñiga y Ontiveros.—6 páginas en 4º

66.—ATAQUE AL CASTILLO DE VERACRUZ Y PREVENCIONES POLÍTICAS CONTRA LAS SANTAS LIGAS.—México, 26 de Setiembre de 1828.—El Pensador.—Oficina liberal á cargo del ciudadano Juan Cabrera.—12 páginas en 4? (*)

67.—SEGUNDO ATAQUE AL CASTILLO DE SAN JUAN ULÚA.—Por El Pensador Mexicano.— México: 1828.—Imprenta de D. Mariano Ontiveros.—12 páginas en 4? (*)

68.—TERCER ATAQUE AL CASTILLO DE ULÚA Y SANTAS LIGAS.—Por El Pensador Mexicano.—México: 1828.—Imprenta de D. Mariano Ontiveros.—8 páginas en 4? (*)

69.—CUARTO ATAQUE AL CASTILLO DE ULÚA.—México: 1828. Imprenta de D. Mariano Ontiveros.—12 págs. en 4? (*)

70.—QUINTO ATAQUE AL CASTILLO DE ULÚA: y á los enemigos de la Patria y de su libertad.—Por El Pensador Mexicano.—México: 1823. Imprenta de D. Mariano Ontiveros.—8 páginas en 4? (*)

71.—SEXTO ATAQUE AL CASTILLO DE ULÚA: Proyecto cruel pero seguro.—El Pensador.—México: 1823.—Imprenta de D. Mariano Ontiveros.—8 páginas en 4? (*)

72.—SEPTIMO Y ÚLTIMO ATAQUE CON DESCARGA CERRADA AL CASTILLO DE ULÚA.—Por El Pensador Mexicano.—México: 1823.—Imprenta de D. Mariano Ontiveros.—12 páginas en 4? (*)

73.—UN FRAILE SALE Á BAILAR Y LA MÚSICA NO ES MALA.—El Pensador.— México: 1823.—Imprenta del Ciudadano Lizardi.—8 páginas en 4? (*)

74.—EL SUEÑO DE LA ANARQUÍA.—El Pensador Mexicano. —Puebla: 1823.—Imprenta liberal de Moreno hermanos.— 12 páginas en 4? y en verso (*)

75.—LA VICTORIA DEL PERICO.—México: 1823.—4 páginas en 4?—"Este papel, dice el Sr. Olaguíbel, tuvo por objeto defender la libertad de imprenta, y probar que las virtudes públicas que todos proclamaban, existian más bien en teoría que en práctica."

AÑO DE 1824.

76.—QUE MAL HACE EL SR. PRESIDENTE EN FIARSE DE BUSTAMANTE.—México mayo 11 de 1824.—El Pensador.—Oficina de D. Mariano Ontiveros.—8 páginas en 4? (*)

77.—CARTA DEL PENSADOR AL PAYO DEL ROSARIO, por el cuento del coyote, y, Zurra al Sr. Bustamante, con un epitafio á su Centzontli.—El Pensador.—México: 1824. Imprenta de D. Mariano Ontiveros.—8 páginas en 4? (*)

78.—SEGUNDA CARTA DEL PENSADOR AL PAYO DEL ROSARIO. Muerte y funeral del Centzontli tecolote.—El Pensador doliente.—México: 1824. Imprenta de D. Mariano Ontiveros. —12 páginas en 4? (*)

AÑO DE 1825.

79.—QUE MAL QUEDÓ EL VIRGINOTE DEFENSOR DEL DONCELLAZGO.—México 1 de Febrero de 1825.—El Pensador.—Imprenta liberal del ciudadano Juan Cabrera.—4 págs. en 4? (*)

80.—DIA DEL JUICIO Y BUENA LOA AL HIPÓCRITA GAMBOA. —El Pensador, Joaquin Fernández de Lizardi.—México julio 5 de 1825.—Oficina de Ontiveros.—12 págs. en 4? (*)

81.—LA CONTRA-DEFENSA DE LA BULA DEL PAPA.—México julio 18 de 1825.—El Pensador.—Imprenta de Ontiveros.— 8 páginas cn 4? (*)

82.—PROTESTAS DEL PENSADOR ANTE EL PÚBLICO Y EL SR. PROVISOR.—México julio 19 de 1825.—Joaquin Fernández de Lizardi ó el Pensador Mexicano.—Oficina de Ontiveros.—4 páginas en ? (*)

88.—DEFENSA DE UN GACHUPIN QUE QUIEREN ARCABUCEAR. —Por El Pensador Mexicano.—México, Julio 28 de 1825.— México: 1825.—Oficina de D. Mariano Ontiveros.—8 páginas en 4? (*)

84.—GENEROSIDAD DE LOS INGLESES Y BAILE BENÉFICO Á LOS APESTADOS.—México septiembre 10 de 1825.—El Pensador. —Oficina del finado Ontiveros.—8 páginas en 4? (*)

85.—DENTRO DE SEIS AÑOS Ó ÁNTES HEMOS DE SER TOLERAN-TES.—México, Octubre 18 de 1825.—El Pensador.—Oficina del finado Ontiveros. Año de 1825.—8 págs. en 4? (*)

86.—SI SE CREEN DE MIS RAZONES, DENTRO DE DOS MESES NO HAY LADRONES.—México, 15 de Octubre de 1825.—El Pensador Mexicano.—Oficina del finado Ontiveros.—4 páginas en 4? (*)

87.—RESPUESTA DEL PENSADOR AL DEFENSOR DEL PAYO DEL ROSARIO.—México, Diciembre 1? de 1825.—El Pensador.— Oficina del finado Ontiveros.—8 páginas en 4?

88.—CUARTAZO DE D. JOAQUIN Á UN GROSERO GACHUPIN.—
México, Diciembre 6 de 1825.—El Pensador.—Oficina del
finado Ontiveros.—1825.—8 páginas en 4º

89.—LAVATIVA Á UN GACHUPIN, Y CABRERA SU ARLEQUIN.
—México, Diciembre 10 de 1825.—El Pensador.—Oficina
del finado Ontiveros.—8 páginas en 4º

90.—EL CASTILLO SE RINDIÓ; PERO LA CATEDRAL NÓ.—Diálogo.—Justo y Simplicio.—México, Diciembre 16 de 1825.
—El Pensador.—Oficina del finado Ontiveros.—8 págs. en 4º

91.—SE LE QUEDÓ AL GACHUPIN LA LAVATIVA EN EL CUERPO.
—México, Diciembre 24 de 1825.—El Pensador.—México
1825.—Oficina del finado Ontiveros.—15 págs. en 4º

92.—GÜERITOS DE SETENTA AÑOS Y MUCHACHOS CON ANTEO-
JOS. Diálogo entre Mariquita y Sinforosa (en verso).—México, Diciembre 31 de 1825.—El Pensador.—Oficina de D. Mariano Ontiveros.—4 páginas en 4º

93.—CONSEJO DE GUERRA Á LOS INGLESES por el Pensador
Mexicano.—El Pensador.—Oficina del finado Ontiveros, año
de 1825.—12 páginas en 4º

AÑO DE 1826.

94.—CEDIÓ EL PENSADOR AL FIN, LA VICTORIA AL GACHUPIN.
—Enero 5 de 1826.—El Pensador.—Oficina del finado Ontiveros. Año de 1826.—12 páginas en 4º

95.—DUDAS DEL PENSADOR, consultadas á Doña Tecla, acer-
ca del incomparable catecismo de Ripalda.—México, Enero

6 de 1826.—El Pensador.—México: 1826.—Oficina de la testamentaría de Ontiveros.—12 páginas en 4?

96.—JUSTA VINDICACION, DEL PENSADOR MEXICANO, contra las imposturas del gachupin José María Aza.—México febrero 1 de 1826.—El Pensador.—Oficina del finado Ontiveros. —8 páginas en 4?

97.—HAGAN BIEN: *Tilin, tin, tin,* por el alma del gachupin. —México febrero 4 de 1826.—El Pensador.—Oficina del finado Ontiveros. Año de 1826.—4 páginas en 4?

98.—SI EL GOBIERNO SE DESCUIDA, TRABAJOS HAY EN LA LIGA. —México abril 7 de 1826.—Oficina de la testamentaría de Ontiveros.—4 páginas en· 4?

99.—VERDADES PELADAS, RENIEGUE QUIEN RENEGARE, ó segunda parte del impreso titulado: *Si el gobierno se descuida, trabajos hay en la liga.*—México, 12 de Abril de 1826.—El Pensador.—México: 1826.—Oficina de la testamentaría de Ontiveros.—8 páginas en 4?

100.—UN COYOTE CONVERTIDO, LES PREDICA Á LAS GALLINAS. —México, agosto 18 de 1826.—El Pensador.—México: 1826. —Oficina de la testamentaría de Ontiveros.—8 págs .en 4?

AÑO DE 1827.

101.—QUE DUERMA EL GOBIERNO MÁS, Y NOS LLEVA BARRABÁS.—Primera Parte.—Diálogo entre Prudencio y Simplicio. —México: 1827.—Imprenta de la calle de Ortega núm. 23.— 16 páginas en 4?

102.—QUE DUERMA EL GOBIERNO MÁS, Y NOS LLEVA BARRABÁS.—Segunda Parte.—Diálogo entre Prudencio y Simplicio.—México febrero 19 de 1827.—Imprenta de la calle de Ortega núm. 23.—8 páginas en 4?

103.—SI MUERE EL FRAILE TRAIDOR QUE SEA EN PLAZA MAYOR.—México abril 1 de 1827.—El Pensador.—México: 1827. —Oficina de la testamentaría de Ontiveros.—En 4?

104.—LOS SIETE DOLORES Y GOZOS, de los gachupines realistas y enemigos de la Independencia, dedícalos su autor á las señoras sus devotas.—México, Abril de 1827.—Imprenta de la calle de Ortega núm. 23. A cargo del ciudadano Juan Ojeda.—11 páginas en 8?

FOLLETOS SIN FECHA.

105.—DIÁLOGO. El Egoista y su Maestro por J. F. L.— México.—Oficina de los ciudadanos militares D. Joaquin y D. Bernardo de Miramon, calle de Jesus núm. 16.—4 páginas en 4?

106.—ANATOMÍA Ó DISECCION MORAL, de algunas calaveras, descrita por El Pensador Mexicano.—Oficina de D. Mariano Ontiveros.—8 páginas en 4?

ÍNDICE.

—

SEGUNDA PARTE.—APUNTES BIBLIOGRÁFICOS.

I.—NOVELAS.

CPSIA information can be obtained
at www.ICGtesting.com
Printed in the USA
BVHW050025070522
636388BV00003B/12